MAJIBIJI pro

超図解

最少の時間と労力で最大の成果を出す

「仕組み」仕事術　最新版

CONTENTS

MAJIBIJI pro
超図解 最少の時間と労力で最大の成果を出す「仕組み」仕事術 最新版

2008年3月に小社から刊行された『最少の時間と労力で最大の成果を出す「仕組み」仕事術』は、10万部を超えるベストセラーとなり、2012年には、コンビニエンスストア限定で、図解版が刊行されました。本書は、その図解版をもとに、さらに巻末付録を加筆したものです。

初めてお読みになる方が仕事の基礎を身につけるのに役立つだけではなく、旧版をお読みになった方が再読し、復習するのにも最適な構成となっております。皆さまのビジネスの一助となれば幸いです。（編集部）

PART 1

「仕組み」があなたの仕事を変える

SYSTEMIZING CHANGES THE WAY YOU WORK

なぜ「仕組み」なのか 01

CASE 01 達人シェフのつくる絶品ハンバーグ

　ある街に、おいしいハンバーグを出す小さなレストラン「ビッグ」があります。この店には腕利きの達人シェフがいて、彼がフライパンをふるうと、中身はジューシー、表面に香ばしく焦げ目のついた絶品のハンバーグが焼きあがります。

「ビッグ」にはもうひとり若い料理人がいます。達人はたまに彼を指導しますが、なかなか同じレベルに届きません。また、ホール係も数人いますが、その接客技術にはずいぶん個人差がありました。

　達人のハンバーグが評判をよんで、「ビッグ」はそれなりに繁盛しています。ただ現状では、店の規模を拡大したり、店舗を増やしたりすることは難しそうです。

　一方、同じ街に、ファミリー向けのレストラン「キッチンスマート」があります。この店に達人シェフはいません。調理を担当するのは主に学生アルバイトなので、ハンバーグの味も達人の店にはかないません。

　しかしこの店では、誰が調理場に立っても同じ味になるよう、マニュアルがつくられています。調理担当になったアルバイトは研修をしっかり受けて、調理の手順やコツを教わっています。

　ホール係にも、同じようにマニュアルがあり、みんながてきぱきと動きまわっています。「キッチンスマート」は、近隣のエリアに順調に店舗を増やしています。

　この2軒のレストランについて、「達人のハンバーグを食べてみたい。ファミレスはしょせんファミレス」と思う人もいるかもしれません。

　しかし、「一度行ってみたい」とは思っても、その後、「また行きたい」「今度は同僚や知り合いを連れていこう」となるかというと、それはまた別の話です。

　さて後日談があります。「ビッグ」の達人シェフは、なんと「キッチンスマート」に転職してしまったのです。そうなると「ビッグ」から客足は遠のき、閑古鳥が鳴くようになりました。一方「キッチンスマート」は、達人シェフのハンバーグを、学生でもつくれる簡単なレシピに落とし込み、「達人の味・絶品ハンバーグ」と名づけてすべての店舗のメニューに入れ、大変な評判になりました。

　ビジネスはなかなかシビアなものですね。

なぜ「キッチンスマート」は繁盛しているのか？

レストラン「ビッグ」の場合

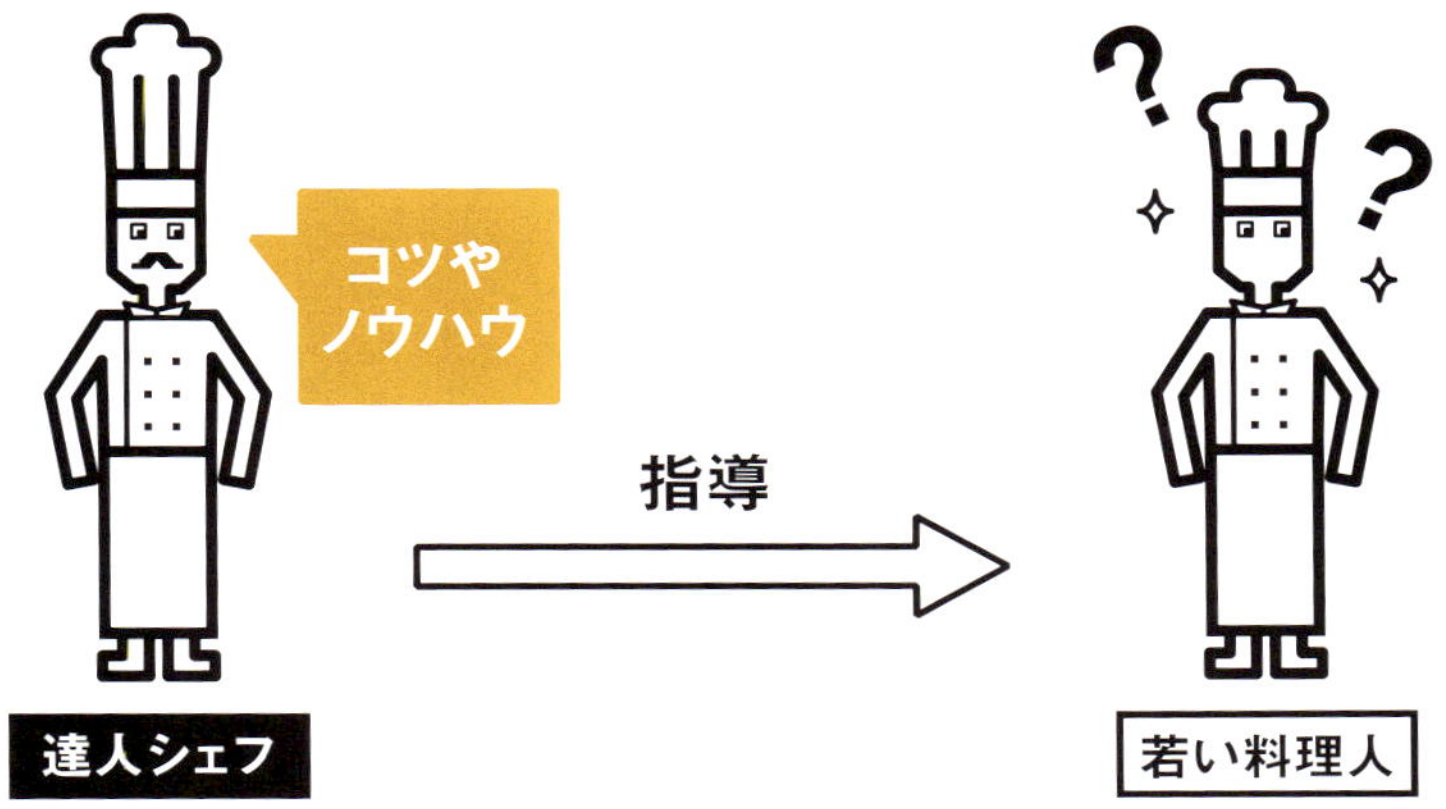
コツや
ノウハウ
指導
達人シェフ
若い料理人

レストラン「キッチンスマート」の場合

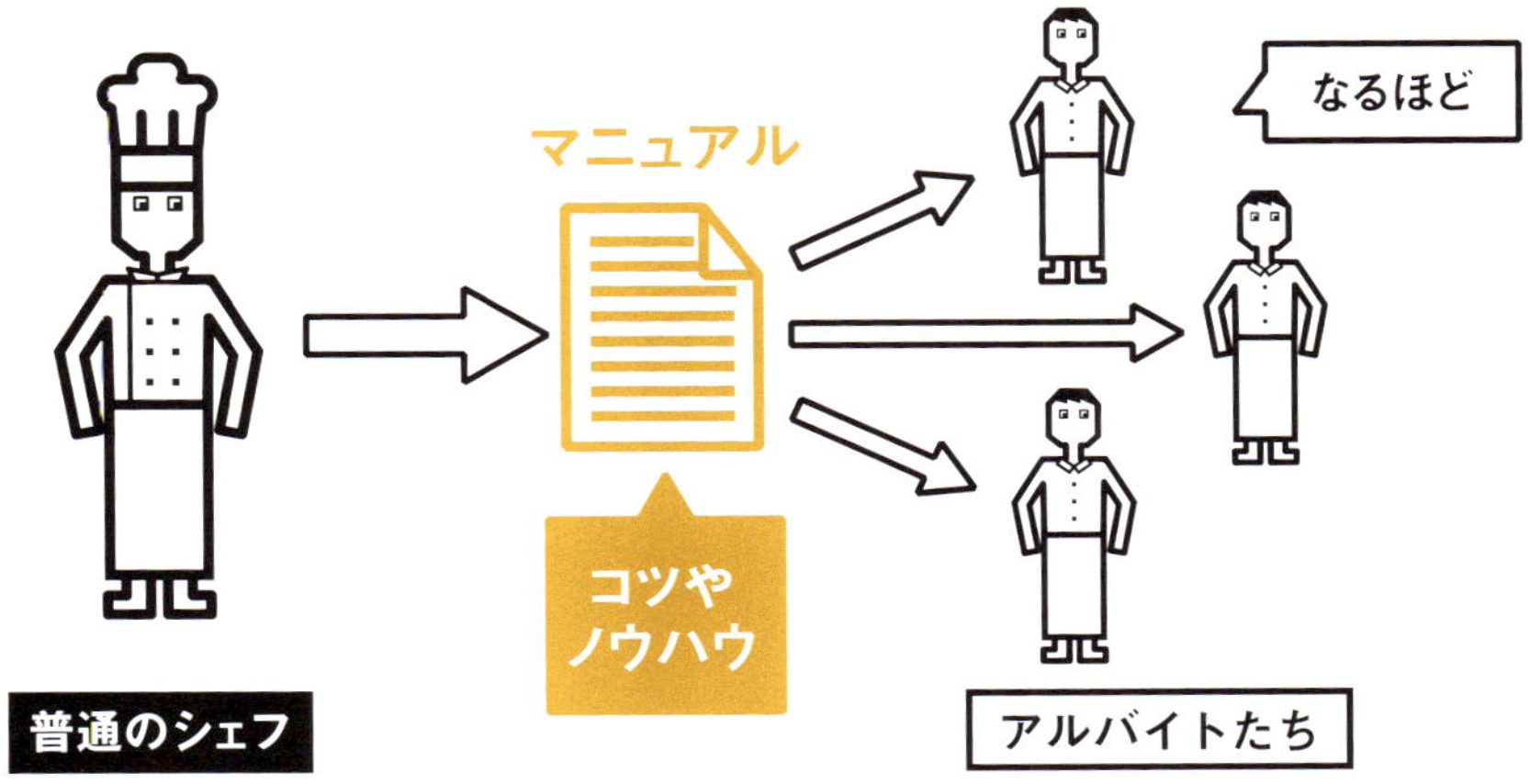
マニュアル
なるほど
コツや
ノウハウ
普通のシェフ
アルバイトたち

せっかくの人気商品も、「仕組み」がなければ応用展開できない！

なぜ「仕組み」なのか 01

CASE 02 優秀な人間にまかせておけば大丈夫？

次は、私の両親に実際に起きた話です。

私の父親は事業をしていて、母親がそれを手伝っていました。母はもともと数字にかかわる仕事をしていたこともあり、特に財務・経理の実務に関しては母がすべてを把握し、切り盛りをしていました。

母はとても元気で健康でしたが、しかしある日いつものようにプールで泳いでいるとき、突然脳出血を起こしてしまいました。母は病院に運ばれて、意識をなくしたまま約2週間後に亡くなりました。

母を亡くした悲しみに暮れる間もなく、父には大きな現実的な問題が待ちかまえていました。それは、経理の業務がどのように動いていたか、まったくわからないということです。

「どういう流れでお金がまわっているか」

「どこに、何を、いつ、いくら振り込むか」

そういったことは、すべて母の頭の中にしか残っていませんでした。結局、父の事業は、母親の能力に頼りきりだったのです。

もちろん伝票や帳簿は残っていましたが、それだけを手がかりに、そこからすぐに誰か他の人に引き継げるかというと、なかなかそうもいきません。最終的には私が父を手伝い、帳簿管理や業務フローの全面的な洗い出しを行ったのですが、会計士の友人たちの力を借りるなど、ひたすら大変な作業でした。

人間に絶対はありません。病気や退職、プライベートな事情など、何らかの理由で急に仕事ができなくなることは、誰にでもあり得る話です。そのとき、その人が現場からいなくなった途端に何もまわらなくなるようでは、困ってしまいます。

父の事業で問題だったのは、経理実務において母の能力に頼りきりで、何かがあったときに他の誰かが対応できる「仕組み」をつくっていなかったことです。これは、先ほどのレストラン「ビッグ」にも同じことがいえます。

優秀な人が仕事をかかえ込んでいると……

支払い
税金
帳簿
決算
給与
優秀な人

優秀な人に仕事をまかせっきりにしておくと、
その人がいなくなったときに困ることになる

何かがあったときに備えて、
他の人が対応できるような「仕組み」が必要！

CASE 03

長時間仕事をしている自分はスゴイ？

私は以前、経営者として「やること」を増やしすぎて、日々、朝6時から夜12時まで仕事をしていました。会社に毎日顔を出して、たくさんの書類に印を押しては担当者に指示し、取引先から経理に関する問い合わせがあれば対応し、トラブルが起きたら自ら現場に向かい……。

1日が終わる頃には、全身くたくたです。でも、そこで倒れたり休んだりしたら、すべての仕事が止まる。そう考えたら、走り続けるしかありませんでした。いま考えると、「長時間仕事をしている自分はスゴイ」という意識もどこかにあったのでしょう。

しかしあるとき、気がついたのです。

「目の前の仕事に追われ、今ある業務をまわすだけで一杯になっていては、新しい仕事を生みだせない。スタッフの教育に力を向け、会社の経営や戦略について頭をはたらかせる時間もとれない。このままでは近い将来、会社も、自分自身もまわらなくなる」

その危機感から仕事のスタイルを切り替えることにしました。

以後、毎朝6時に起床し、その日の決まった業務をたいてい朝8時には終わらせるようになりました。それから昼食までを「自己研鑽の時間」と決めて、金融の勉強をしたり、英会話レッスンやスポーツジムに通ったり、読書したりしています。ランチや午後の時間帯には経営者や投資家の方にお会いしたり、新規事業のアイディアに思いをめぐらせます。

また、毎月のように講演や視察のために海外出張に出かけます。出張のあいだ、会社は基本的にスタッフにまかせます。数週間出張していても、日々の業務は私なしで問題なくまわっています。

できすぎていると思われるかもしれませんが、現実の話です。こんなことが実現できているのは、私に特別な才能や強い意志があるからではありません。

むしろ強い意志や根性もなければ、集中力も自信なし。気が向かない仕事はサボりがちです。勤勉か怠け者かと問われたら、圧倒的に後者に入るでしょう。

でも、怠け者だからこそ、毎日の仕事に追われて疲れきっていくばかりの自分をなんとかしたかったのです。

そこでたどり着いたのが、**自分に「仕組み」をつくること**でした。

長時間仕事をしているだけでは、生み出せるものはかぎられる

「仕組み」をつくる前

プライベート
日常業務
毎日忙しい!

「仕組み」をつくった後

プライベート
日常業務
新規事業開発など
会合その他
自己投資
将来のために投資しなくちゃ!

POINT

目の前の仕事に追われて手一杯になっていては、将来の成長も難しい。
仕事のスタイルを切り替えることが大切！

できる人と そうでない人の「壁」 02

個人の才能や努力では越えられない「壁」がある

ここまでの3つの事例をお読みになって、皆さんはどうお感じになりましたか？

□達人シェフの絶品ハンバーグ
□母の優秀な経理能力
□全身くたくたになるまで仕事に没入するエネルギー

これらは、いずれもなくてはならないものです。

料理人はおいしい料理をつくることに、経理担当者は経理面で会社を安定させることに、経営者は会社を動かすことに、それぞれ責任を持って取り組まねばなりません。

皆さんも自分の能力や強みを磨き、その分野で成功するために、日々努力をされていることと思います。

ただし、その一方で、自分の努力でできることには、限界があります。

「ビッグ」で達人シェフがいくら料理の腕を上げても、あるいは、ひとりの優秀なパートの接客態度がすばらしくても、それだけで店がどんどん大きくなるわけではありません。彼らが辞めてしまったら、そこで一から出直しです。

私の母がどれだけ経理人として能力が高くても、母の頭の中にある業務フローが父や他の人間に共有されていなかったので、事業はたちまち立ちゆかなくなりました。

経営者がどんなに身を粉にして、目の前の仕事にあくせくしても、それだけでは部下の成長には結びつきませんし、将来的に組織を伸ばしていくことにはつながりません。

つまり、個人の才能や努力だけでは乗り越えられない「壁」があるのです。

言いかえれば、それは仕事をしていくうえで、あるいは事業を進め、店や会社を大きくしていくうえで、いつか必ず突き当たる「壁」です。

本書では、その「壁」を越えるために、皆さんの仕事に「仕組み」をつくることを提案したいと思います。

仕事をしていくと、いつか壁に当たる

努力や才能には限界がある

「仕組み」で壁を越えられる！

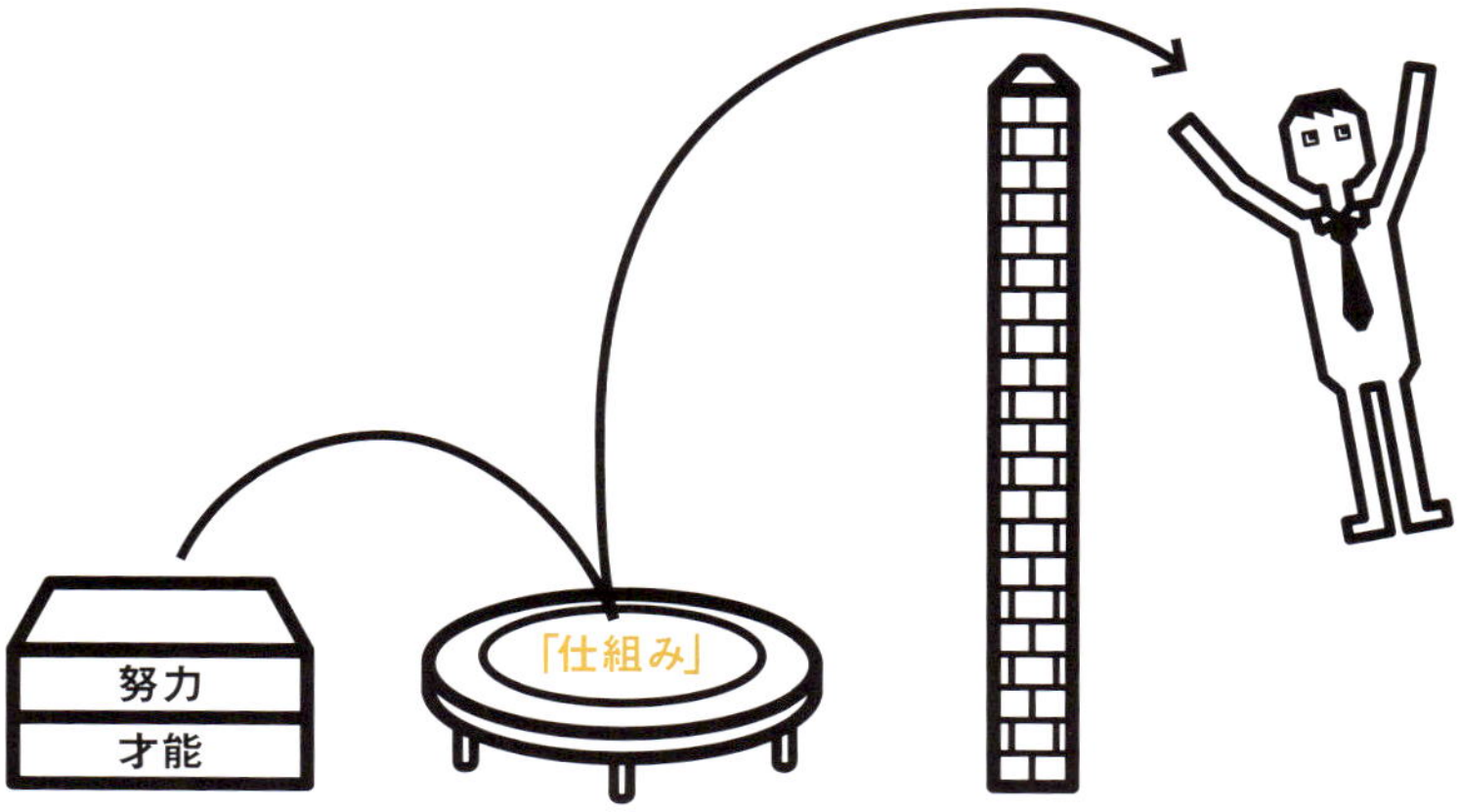

POINT

努力や才能だけでは乗り越えられない「壁」がある。
その「壁」を越えるために、「仕組み」がある！

「仕組み」をつくるってどういうこと? 03

「仕組み」とは、誰が、いつ、何度やっても同じ成果が出せるシステム

そもそも「仕組み」とは、いったいどういうことでしょうか。私は「仕組み」とは、「誰が、いつ、何度やっても、同じ成果が出せるシステム」のことである、と定義しています。

【ケース1】の2軒のレストランに当てはめて考えてみましょう。「ビッグ」は、達人シェフがいたにもかかわらず、その技術は結局、達人シェフだけのもので終わりました。彼がいなくなったら、店の売上げはたちまち落ち込んでしまいました。

他方、「キッチンスマート」では、達人シェフのハンバーグを、学生アルバイトでも味を再現できるような簡単なレシピに落とし込みました。そうすることで、「シェフの味」を「店の味」にすることができたわけです。これこそが「仕組み化」です。

このとき、「仕組み」をつくることのメリットは3つあります。

ひとつは、店の料理の味が良くなること。次に、同じく料理の味が安定すること。そしてもうひとつは、達人シェフの才能をより活用できるようになることです。

「仕組み」がなければ、達人シェフは看板メニューのハンバーグを毎日焼き続けなければなりません。しかし、アルバイトが同じ味のハンバーグを焼けるようになれば、達人シェフは新メニューの考案や後進の育成に力を使うことができるようになります。

「仕組み」をつくることで、仕事は、単調な日々の繰り返しから次のステージへ進むことが可能となるのです。

できるビジネスマンほど、「仕組み」づくりが上手です。逆に言えば、能力が高いだけでは、できるビジネスマンとはいえません。

たとえば、3万円の商材を扱っている販売会社で、毎日コンスタントに10件の契約をとってくる営業マンがいるとします。パーソナルな営業スキルの高さと実績だけ見れば、彼はかなり優秀です。

しかし、自分の営業成績を上げるだけではなく、そのノウハウをマニュアル化するなどの「仕組み」づくりを行って、毎日コンスタントに8件の契約をとれる部下を10人育てている営業マンがいるとしたら、会社は後者の営業マンを評価するでしょう。

能力があり、なおかつそれを「仕組み」にすることができるのが、現代の「できる営業マン」といえるでしょう。

できるビジネスマンは、「仕組み」づくりが得意

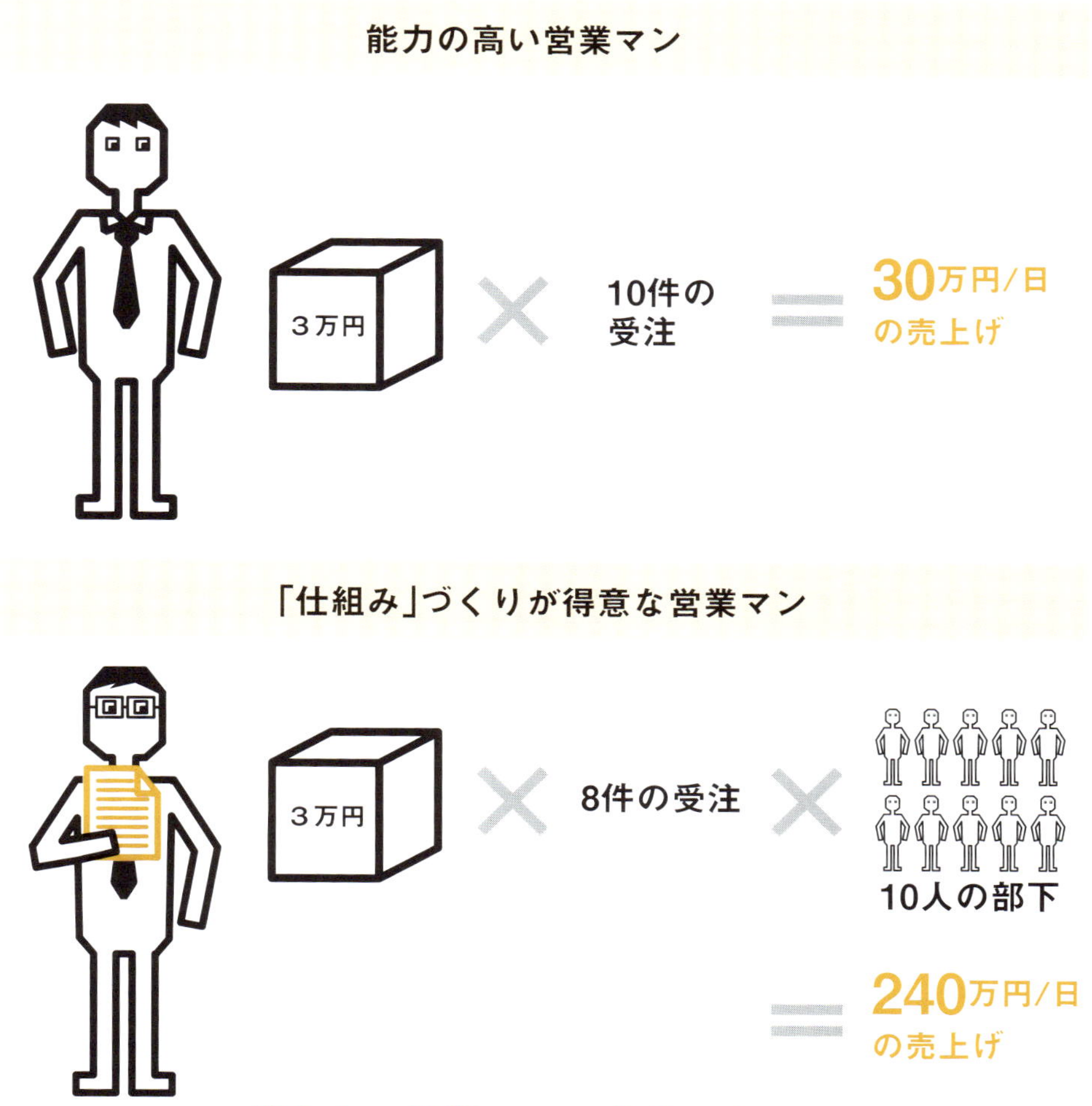
能力の高い営業マン
3万円
×
10件の
受注
＝
30万円/日
の売上げ
「仕組み」づくりが得意な営業マン
3万円
×
8件の受注
×
10人の部下
＝
240万円/日
の売上げ

どちらの営業マンが会社にとって
必要とされるかは一目瞭然！

POINT

**高い能力を持ちつつ、
自分のノウハウを「仕組み」にすることが
できてこそ、「できるビジネスマン」だ！**

「仕組み化」が必要な仕事と、そうでない仕事　04

「作業系」「思考系」の仕事

本書で皆さんにご提案したいのは、仕事に「仕組み」をつくることです。ただし、あらゆる仕事が「仕組み化」できるかというと、そうではありません。「仕組み化」が必要な仕事と、そうでない仕事があります。

最小限の時間と労力で最大の成果を得るためには、どのような仕事に、どのように「仕組み」をつくるべきなのでしょうか。本項では、そのことについて考えてみましょう。

日々、皆さんが行っている仕事は、大きく2つに分けることができます。

本書では、この２つをそれぞれ、「作業系」「思考系」と名づけます。

■「作業系」の仕事

頭を使わないで処理できる仕事。手や身体を動かすなど行動をともなう実務作業。ルーチンワークであることが多い。

たとえば、書類作成、帳簿作成、会議の準備・議事進行、机の片づけ、などなど。

■「思考系」の仕事

頭を使って考える必要がある仕事。知的作業。

たとえば、新規事業のプランニング、企画立案、原稿執筆、経営戦略、人事考課、などなど。

この視点から、皆さんの１日の仕事を見直してみましょう。業種や職種、ポジションで多少の差はありますが、多くのビジネスマンは、仕事をしている時間の７～８割を「作業系」に費やしている、というのが私の実感です。

そして、**「作業系」の仕事にこそ「仕組み」づくりが有効です。**「仕組み」によって、時間と労力の徹底的な効率化をはかるのです。

一方で「思考系」の仕事には、時間と労力を費やすべきです。なぜなら、その「思考系」の仕事から生まれた新規事業等が、将来の成果になっていくからです。「作業系」の仕事だけでは、自分も会社も成長していきません。

そのためにも、「作業系」の仕事を「仕組み化」することで捻出した時間を、「思考系」の仕事にあてるのです。

仕事は「作業系」と「思考系」に分けられる

1日の仕事内容

会議	移動	商談	昼食	商談	移動	上司に報告	見積作成	戦略立案	企画書作成

9:00　12:00　15:00　18:00

「作業系」の仕事

会議の準備

見積作成

上司に報告

「仕組み」で
徹底的に
効率化をはかる

「思考系」の仕事

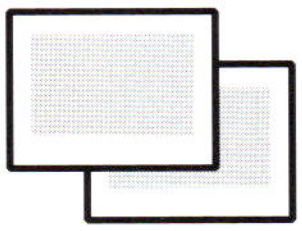

企画書作成

商談・会議

戦略立案

「仕組み」で
捻出した時間を
「思考系」にあてる

POINT

頭を使わないで処理できる「作業系」の仕事を徹底的に効率化し、そこで捻出した時間を「思考系」の仕事にあてる！

コミュニケーションも「仕組み化」できる 05

コミュニケーションをともなう仕事にも「仕組み」をつくる

日常の仕事を分類するとき、別の視点もあります。それは、「コミュニケーションをともなう仕事」かどうか、です。

たとえば営業や接客の仕事がそれにあたります。またオフィスワークでも、来客応対、電話やメールのやりとり、あるいは面接などはコミュニケーションを必要とします。

コミュニケーションそのものは相手あってのものだから、「仕組み化」は難しい——そんなふうに思われるかもしれません。確かに、会話の内容そのものに「仕組み」をつくることは困難でしょう。

しかし、コミュニケーションにかかわるさまざまな行動には、じつは「仕組み化」できることがたくさんあります。営業準備、セールストークの組み立て、お客様を迎えて最後にお見送りするまでの一連の手順、面接で相手に聞く内容、などなど。

これらを「仕組み化」することで、コミュニケーションで交わされる話の内容そのものに集中できるようになります。

■「面倒くさい」にも2種類ある

さて、仕事に「仕組み」をつくろうとするとき、じつは「面倒くさい」という感情が大切なのではないかと思います。

簡単に言ってしまえば、「面倒くさいことは、徹底的に楽にやることを追求する」。

一見ネガティブに聞こえますが、この考え方は「仕組み化」を考えるうえで重要です。

「面倒くさい」の意味について、もう少し説明しましょう。「面倒くさい」にも2種類あります。

・頭で考える必要のある、つまり「思考系」の面倒くさいことは進んで行う。

・頭で考える必要のない、つまり「作業系」の面倒くさいことは徹底的に楽をする。

「思考系」の面倒くさいことに関しては、それがどんなに面倒でも、私たちは積極的に取り組んでいかなければなりません。ひたすら頭を使い考えること——それこそが、高度に情報化された現代のビジネスシーンを勝ち抜く、唯一の手段だからです。

一方で「作業系」の面倒くさいことは、いかに手間や時間をかけずにすますかを考え、できるかぎり効率化をはかるべきでしょう。

コミュニケーションをともなう仕事も、分解してみれば……

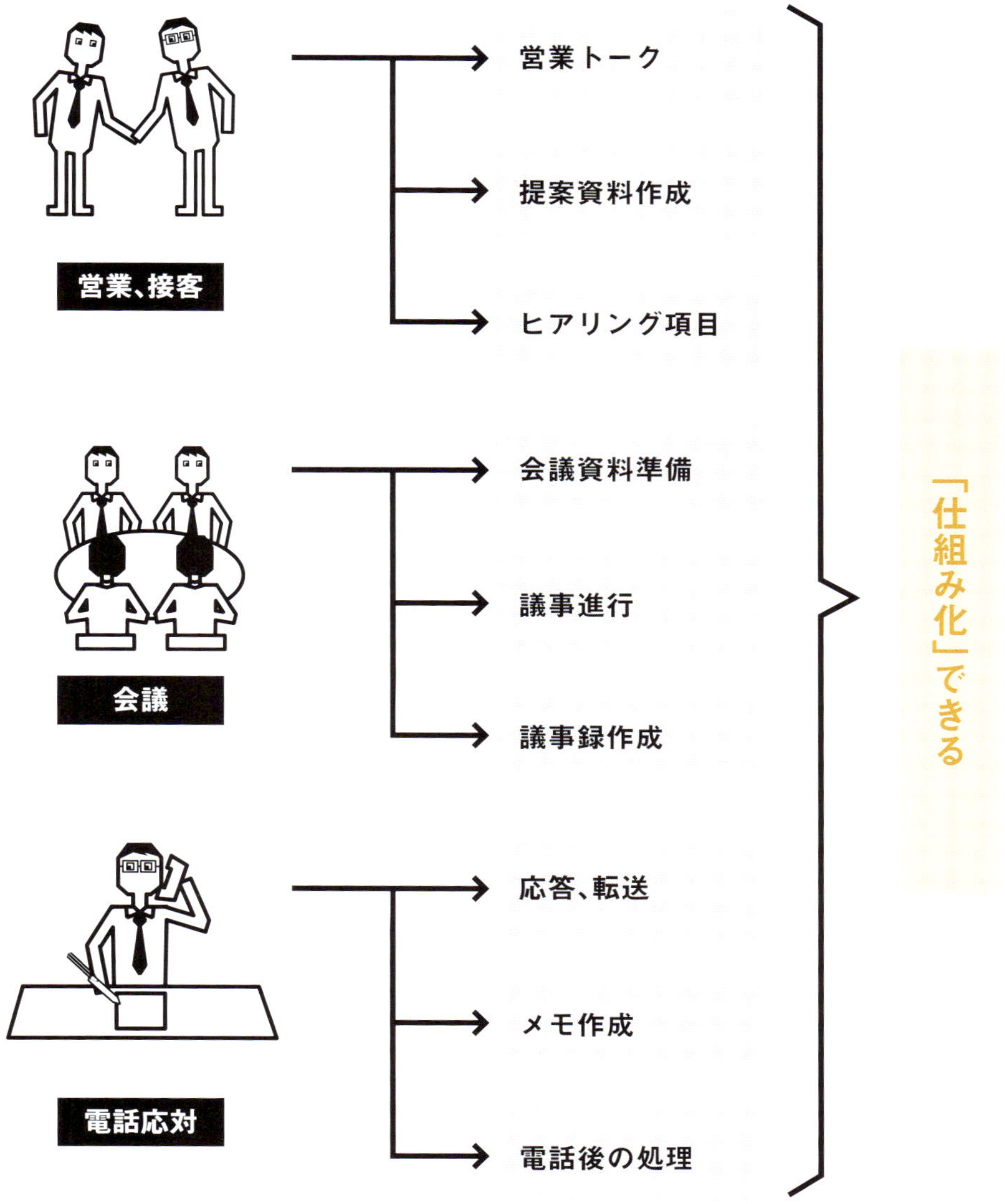
営業、接客
営業トーク
提案資料作成
ヒアリング項目
会議
会議資料準備
議事進行
議事録作成
電話応対
応答、転送
メモ作成
電話後の処理
「仕組み化」できる

POINT

コミュニケーションをともなう仕事も、細かく作業内容を見てみれば「仕組み化」できる部分は多い！

「自分でやったほうが早い」をやめる 06

「頭で考えること」に、ひたすら時間と労力をかける

「面倒くささ」にはこんなものもあります。

「部下にやり方を説明するのは面倒くさいから、自分でやってしまおう」

　これも、危険な考え方です。

「作業系」の仕事はふつう、誰か他の人に頼むよりも、自分でやってしまうほうが早くて楽なことが多い、それは確かです。なぜなら、他人は自分が思ったとおりには動いてくれないからです。他人を自分の代わりに動かすには、多くのスキルや労力が必要となります。だから面倒くさくなって、自分でやってしまうのです。

　しかし、【ケース1】の達人シェフの例を思い出してみましょう。どんなにすばやく手や身体を動かしたとしても、自分で焼けるハンバーグの数には限界があります。

　それよりも、「仕組み化」することで、他の人でも同じように再現できる「作業系」の仕事はできるかぎり人にまかせて、そのぶん自分は新しいレシピを考えたり、お客様に喜んでもらうためのサービスを思案したりするなど「思考系」の仕事に時間を割くようにすれば、自分で延々とルーチンワークを続けた場合とくらべて、数十倍、数百倍の成果を生み出すことが可能になります。

　慣れた仕事は、正直いって自分でやったほうが早い。それは確かです。しかし、それではいつまでたっても「作業系」の仕事から抜け出すことはできません。

「作業系」の仕事だって、いつまであるかわかりません。あなたより給料が安くてすむ若い人や外国人労働者に仕事を奪われることだってあるでしょう。

　ビジネスの世界においてさらに上を目指そうと考えている人は、単純作業やルーチンワークなど頭を使わないですむ仕事には「仕組み」を徹底してつくることで、効率化させたり、人にまかせたりします。

　そして、そうやって捻出した時間と労力を、「頭で考えること」に振り向けるのです。

「面倒くさい」にどう対処するか

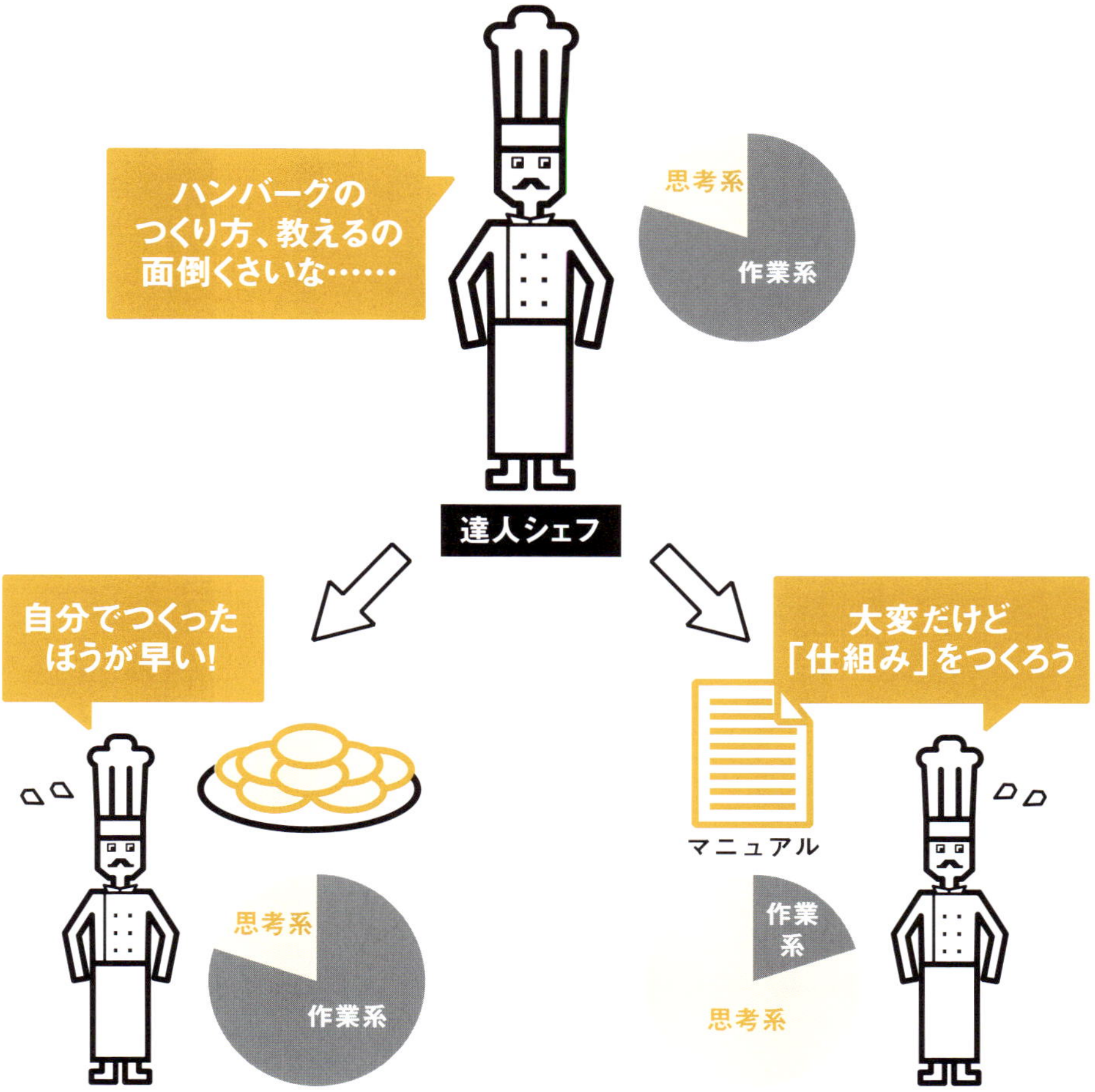
ハンバーグの
つくり方、教えるの
面倒くさいな……
思考系
作業系
達人シェフ
自分でつくった
ほうが早い!
思考系
作業系
大変だけど
「仕組み」をつくろう
マニュアル
作業
系
思考系

慣れた仕事は自分でやってしまうほうが早くて簡単。
しかし、それではいつまでたっても「作業系」の
仕事から抜け出せない

POINT

**「面倒くさい」を乗り越えて「仕組み」をつくれば、
「思考系」の仕事にあてられる時間が増え、
より大きな成果が得られる！**

「仕組み」仕事術 3つの黄金ルール 07

「才能」「意志の力」「記憶力」に頼らない

自分の仕事に「仕組み」をつくり、使いこなしていくために、３つの重要なポイントがあります。

1 才能に頼らない

能力の高い人ほど「仕組み」づくりが苦手のようです。「自分でやったほうが早い」「感覚でやっているので、明文化できない」などと考えてしまうからです。

しかし、いつまでも仕事を独占していては、あなたも仲間も成長しません。また、優秀なスタッフばかりにマネジャーが仕事を振っていては、他のスタッフの不公平感は高まり、彼らが辞めでもしたら困ってしまいます。

特別な才能のない人、たとえばアルバイトの学生でも、そのとおりにやれば、ある程度の結果を出せる。それが、「仕組み」づくりに欠かせないポイントです。

2 意志の力に頼らない

人間は、基本的に怠け者です。「この仕事は大変だから、なかなか手がつかないな」……と思っていたら、締め切りまぎわになってしまった、という経験もあるのではないでしょうか。

そこで強い意志を持って誘惑を断ち切ることができればいいのですが、意志の力は意外と不確かなもの。意志はそのときの体調や気分にも左右されます。

仕事に「仕組み」をつくろうと思ったら、「意志の力」を前提に考えないこと。**「意志の力」ではなく、「仕組みの力」で自分を動かす**のです。

「仕組み」ができれば、仕事をするたびに強い意志をふりしぼらなくても、自動的に結果がついてくるようになります。そうなると、仕事のストレスは激減し、仕事をすること自体が楽しくなります。

3 記憶力に頼らない

私の会社では、会議のときは書記が必ずＰＣで議事録をとり、会議が終わったら、それを関係者全員が参加するメーリングリストに流します。こうすれば、欠席者も会議内容が共有できますし、数カ月前に議論したことも、さかのぼって確認できます。不確かな記憶に頼る必要はないのです。

人は1日のあいだに話した内容について、翌日になると9割忘れているといわれます。「仕組み」仕事術では、記憶力に頼らずに、**ＰＣや手帳などを活用して、「外部記憶の仕組み」をつくる**ことをお勧めします。「記憶より記録」というわけです。

仕事を「仕組み化」する3つのポイント

1
才能に頼らない

例 マニュアル、チェックリストなどをつくっておく。そのとおりにやれば、誰でもある程度の結果を出せる

2
意志の力に頼らない

例 「パラパラめくるだけでもいいので、週に3冊の本を読む」などのルールを決めて守る。それが習慣化され、やがて知識が身につく

3
記憶力に頼らない

例 会議中に議事録をとり、会議が終わったらメールで送信。会議内容の共有や履歴の保存になる

POINT

才能や意志の力、記憶力に頼って仕事を進めるのは二流。
一流のビジネスマンはそれらに頼らず、「仕組み」をつくる！

COLUMN 1

「仕組み」は仕事を楽にしてくれる最強ツール

「仕組み化」は面倒くさい。「仕組み」をつくるのは大変だ。

目の前の仕事だけでも大変なのに、さらにそれをまわるようにする「仕組み」をつくる必要がある、なんていわれても、そんな面倒なこと、わざわざやる意味があるのだろうか……。

どうせ自分でやらなきゃいけない仕事だし、マニュアルつくっても意味ないよね……。

そう思っていた時期が私にもありました。

でも「仕組み」をつくってみると、その作業に関してまったく頭を使う必要がなくなり、無駄な思考を使わなくてよくなる。その結果、頭と体が楽になり、嫌な仕事もなくなる。

そしてそれが社内の信頼に変わり、そして将来的に、自分以外の誰もができる仕事に変わる。

そんな良い循環になった経験から、「仕組み」は自分自身を楽にしてくれる最強ツールだと気づいたのです。

仕事では、ひとりのプロフェッショナルな能力より、その能力を、多くの人ができる仕事として「仕組み化」できることのほうが、社会から評価されます。

世界一の才能や、世界で特許をとれる発明ができる、などというくらいの並はずれたものでないかぎり、ひとりのプロフェッショナルな才能よりも、数が勝るのです。

そのことに気づいたときから、私の仕事のやり方は変化していきます。

「今の自分の仕事は自分がいちばん理解している」という発想から、「自分でできる仕事は、他人でもできる」に。

「自分がいなければこの仕事はまわらない」という発想から、「自分がいなくてもこの仕事をまわるようにするにはどうすればいいか」に。

「自分がこの仕事を責任持って行う必要がある」という発想から、「他人が責任を持ってこの仕事を行うには、どういう仕組みが必要か？」に。

この発想の転換が、あなた自身を強くし、仕事力を磨き、そして成長につながるのです。

成長につながれば、自然とたくさんの仕事が集まってきます。そしてその仕事のクオリティがより上がり、より価値の高いものに変わってきます。

その成長のスパイラルこそが、仕事の醍醐味だと思うのです。

PART 2

自分の仕事に「仕組み」をつくる

MAKE YOUR WORK SYSTEMATIC

成功体験を「仕組み化」する

01

うまくいったときの成功体験を「仕組み化」する

さて、「仕組み」の基本的な考え方や大切さがわかったところで、今度は仕事において「仕組み」をつくるためのポイントを解説していきましょう。

自分の仕事に「仕組み」をつくるとは、具体的にはどのようなことでしょうか？

ここでは2つの考え方をご紹介しましょう。

ひとつ目は、成功体験を「仕組み化」するということです。

プレゼンテーションが苦手な人がいるとします。会議や発表ごとがあるたびに、さまざまな資料を準備したり、話し方を変えたりしていたのですが、なかなかうまくいきません。しかしある日、とても手応えのあるプレゼンをすることができました。

そんなとき、皆さんならどうしますか？

「今日はたまたまうまくいった。良かった！」で終わらせてはいけません。なぜ今日はうまくいったのか、その理由を分析することが大切です。

プレゼンの際、どんな服装をしていたか、本編に費やした時間は何分だったか、プレゼンテーションの内容やパワーポイントの資料は今までとどこが違ったか、声のトーンや身振りはどうだったか、聴衆にどんなジョークが受けたか……。

このように、**うまくいったときのやり方をデータとして取っておくことが、成功体験を「仕組み化」する第一歩**です。これをもとに、自分に合ったプレゼンのパターンをつくりあげれば、次からは安心してプレゼンに臨むことができます。

もし次に今回ほどうまくいかなかったとしても、そのときはまた「仕組み」を改良していけばいいのです。改良を加えていくうちに、精度の高い「仕組み」ができあがっていくはずです。

ポイントは、そのつどゼロから始める無駄をなくすことです。

プレゼンの成功体験を「仕組み化」する

成功した要因を細かく分析

服装　時間　トーク　資料　提案内容

プレゼン成功の「仕組み」を作成

「仕組み」にもとづいて、再度プレゼンに臨む

プレゼン終了後の分析と「仕組み」の改良

繰り返して「仕組み」の精度を高める

POINT

**「仕組み化」のポイントは再現性にあり。
うまくいったときのやり方を分析し、必勝パターンをつくれ!**

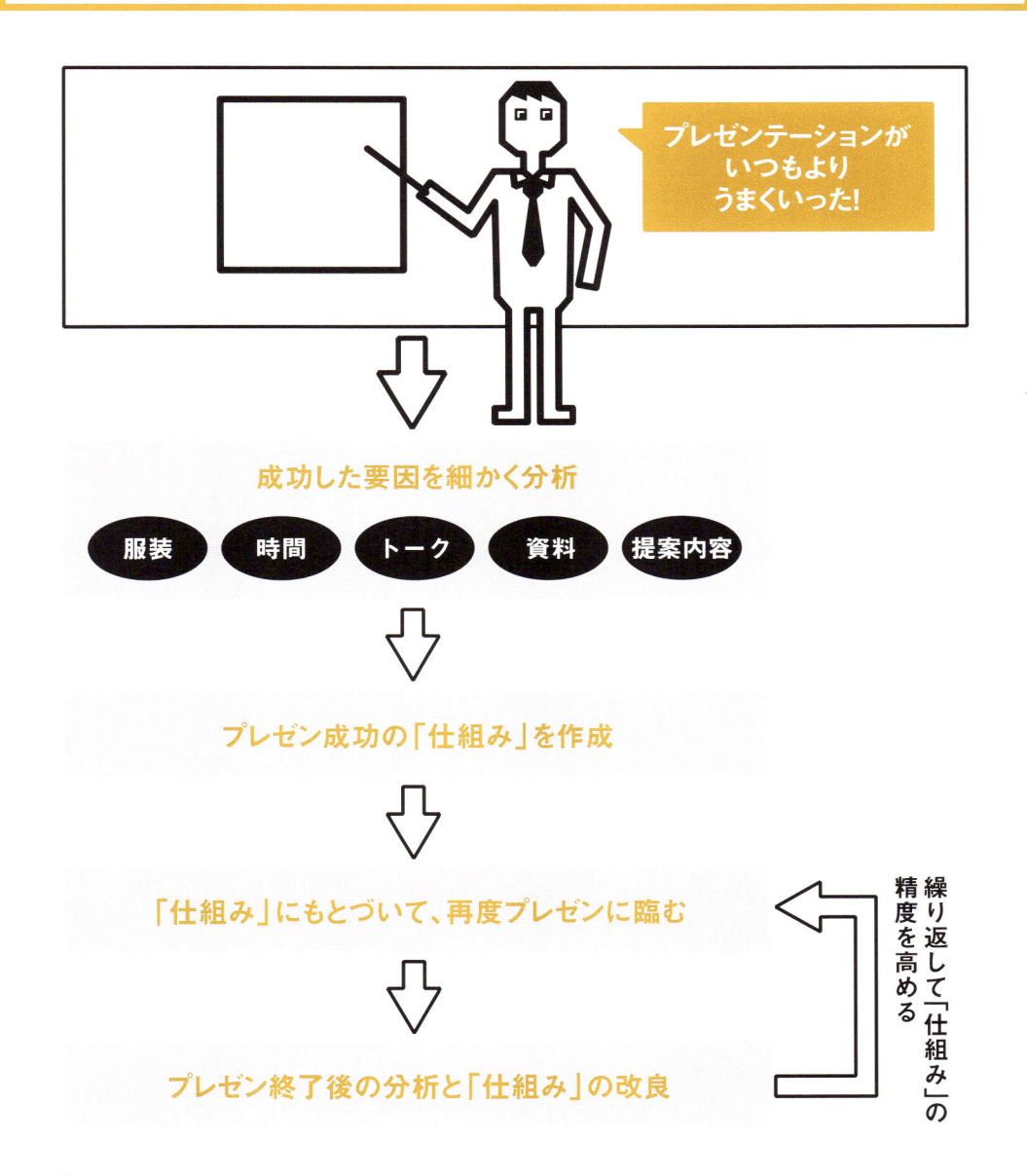

ルーチンワークを「仕組み化」する　02

いつもやっているルーチンワークを「仕組み化」する

「成功体験の仕組み化」とともに重要な、もうひとつのポイント、それは「ルーチンワークの仕組み化」です。

皆さんは旅行に出るとき、どのように持っていくものを準備しますか？

「まず、下着と着替えは×日分、それからPCと、PCの電源、カメラにバッテリー、おっと携帯の充電器も必要だな……。海外だからパスポートにガイドブック、クレジットカード、変圧器も必要かな？　えーとそれからそれから……なんだっけ？」

　という感じに準備している人も多いのではないでしょうか。

年に一度の楽しいバカンスなら、ひとつひとつ吟味しながらスーツケースに詰めていくのも楽しい作業といえます。

　しかし、忙しい仕事の合間の出張準備となると話は別です。「何を持っていこうか？」「あれはどこに置いたっけ？」といちいち頭を悩ませるのは、時間の無駄です。

　さらに、大事なものを入れ忘れてしまったりしたら大変です。出張先で気づいて、現地で購入できるか探したり、会社に連絡して送ってもらったりと、余計な対応を迫られることになります。

　私自身、仕事で出張することがたいへん多いので、PCで次ページのようなメモをつくっておいて、出張のたびにこれをプリントアウトしてチェックシートとして使っています。

項目の横の□に✔点でチェックしていけば、自動的に持っていくものが揃います。これがあれば忘れものをすることはありませんし、何より頭も時間も使わずに出張準備ができます。これも「仕組み」のひとつです。

　そして、旅行や出張で気づいたことがあれば、このチェックシートもそのつど更新していき、完成度を高めていきます。

時間がないビジネスマンは、「考えなくてもいいこと」にわざわざ頭を使う必要はありません。

旅行や出張の準備などは、「考えなくてもいいこと」であり、単純な作業の代表といえます。

　こうした作業を完璧に、かつ素早く終わらせるために、私は「仕組み」を活用しているのです。

出張のときに持っていく荷物のチェックシート

【 国内・海外共通 】

□ 携帯電源
□ iPhone用USBケーブル
□ Mac
□ Mac電源
□ iPhone用
大バッテリ・ケーブル（充電確認）

□ 飛行機チケット・eチケットの控え
□ マイレージカード

□ XX銀行キャッシュカード
□ アメックスカード
□ ダイナースカード
□ VISAクレジットカード

□ Tシャツ×____日分
□ パンツ ×____日分
□ 靴下 ×____日分
□ ジャケット
□ シャツ
□ 革靴
□ パジャマ
□ サングラス

□ 電動歯ブラシ
□ 歯磨き粉
□ 歯間ブラシ
□ 石けん

□ 日本の運転免許証
□ メモ用A4用紙
□ クリアファイル複数個
□ 名刺
□ 会社概要
□ SugarSyncが設定されているか確認。
PCの同期化確認

【 海外 】

□ 現地の天気・気温を調べる
□ パスポート
□ US運転免許証
□ 国際運転免許証（期限確認する）
□ 現金（空港で両替）

□ 本たくさん
□ レストラン情報・スポットをプリントアウトする

□ 電源の変換器
□ コンセントのジャック変換プラグ

□ スポーツジム用ウェア
□ プール用の海パン
□ プール用のゴーグル
□ プール用のキャップ

POINT

**いつも繰り返し行う作業に頭と時間を使っていてはダメ。
頭を使わずに素早く終わらせるための「仕組み」をつくれ！**

日常業務を「仕組み化」する　03

時間の有効活用はビジネスマンの永遠の課題

「時間がない」「時間さえあれば、もっとうまくいくのに……」

多くの人が口ぐせのようにつぶやく言葉です。「猫の手も借りたい」というように、忙しい現代の日本で日々仕事をしていくうえでの最大のハードルは、「時間がないこと」ではないでしょうか？

仕事をいかに効率化するかということは、仕事をする人にとって永遠の課題といえます。

といっても、人間に与えられた時間は、１日24時間。生まれたときから誰でも平等です。どんなに仕事ができる人でも、それを増やすことは不可能です。お金と違って、時間の貯金や相続はできないのです。

しかし、「仕組み」を取り入れて、仕事の進め方や時間の使い方を工夫することで、時間の質を変えることは可能となります。

ところで、仕事にはできるだけたくさんの時間をかけたほうが、より良い結果を得られる――そのように考えているビジネスマンは、まだ多いようです。だからこそ、朝から晩までＰＣに向かって数字とにらめっこしていたり、会議を繰り返したりしているのかもしれません。

経営者も同様です。少しでも売上げを増やすために、従業員にできるかぎり長い時間働かせようとするわけです。

ところがよく考えれば、その理屈は正しいとはいえません。もちろん営業部門やサービス業のように、仕事量を増やせばそれが売上げ増に直結する業務・業種であれば、たくさん働くことに意味があります（ただし、その場合でも効率化は必要）。

しかし、そうではない総務部門や人事部門、同じ営業部門であっても管理者や営業事務といった、時間をいくらかけても売上げ増に直結しない業務に関しては、むしろ「仕組み化」することで効率化をはかり、かけるコストを最小限にしていくべきです。

また、仕事量が売上げ増に直結する前者の業務であっても、むやみに仕事を詰め込み、作業量を増やすばかりでは、集中力やモチベーションの低下につながります。集中力が低下したまま仕事を続けていては、質の高い仕事ができないでしょう。

「仕組み」をつくり、できるところから徹底的に効率化していくことには、やはり大きな意味があるのです。

時間がいかに大事かを強く意識する

貯蓄も、
相続もできない。
どんどん
なくなっていくばかり!
一生に
使える時間は
平等

**かぎりある時間を有効に使い
時間の“質”を高める必要がある**

ビジネスの偉人による「時間」についての言葉

人に平等に与えられたものは時間である。
時間の有効な使い方を知らないと大きな成功は難しい。

江副浩正さん（『リクルートのＤＮＡ』角川oneテーマ21）

「ノウハウ」とは「時間の使い方」だと解釈している。
時間をいかに有効に使うかが「ノウハウ」なのである。

藤田田さん（『Den Fujitaの商法〈3〉金持ちラッパの吹き方』ベストセラーズ）

日常業務を「仕組み化」する　03

「仕組み」を使って日常業務を劇的に効率化する

私が経営者になったばかりの頃、毎日のように朝6時から夜12時まで仕事をして、それでも「まだまだ時間が足りない」とこぼしている……そんな時期がありました。

明らかにオーバーワークでしたが、それでもその状態を止めることができなかったのは、PART1の【ケース3】にも書いたように、経営者として立ち止まることが怖かったからです。

そして同時に、どこかで「長時間仕事をしている自分はスゴイ」という気持ちがあったのだと思います。

しかし、そんな仕事のやり方に限界を感じた私は、仕事に「仕組み」をつくることに取り組みました。

具体的には、それまで朝から晩まで、のべつまくなしに行っていた「作業系」のタスクを、朝の数時間に集中して片づけるようにしました。また、「自分にしかできない」と思っていた仕事を、どんどん人にまかせるようにしていったのです。

それによるメリットは数えきれないほどですが、大きく2つ挙げることができます。

1 ワークスタイルが変わった

それまで1日の大半を費やしていた日常業務や書類整理といった仕事を「仕組み化」し、朝のうちに短時間で終わらせることで、結果的に多くの時間と労力を新しい仕事に向けることができました。

また、そのぶん社外の人に会う機会も増え、同時に、休みをとって趣味のサーフィンやゴルフ、習い事にまで行けるようになりました。海外出張に出かけるだけの時間的余裕もできました。そうした時間は、日々の仕事の充実というかたちで還元されます。

2 業績が向上した

仕事を「仕組み化」することで、時間の効率が良くなっただけではなく、業績が劇的に良くなりました。

「良くなった」というのは具体的にどういうことかというと、それまでは「労働時間＝業績」すなわち、たくさん仕事をしたらそれだけ売上げが立ち、しなかったら途端に収入が激減という状態だったのが、「仕組み」をつくることにより、労働時間に関係なく業績が安定し向上し続けるようになった、ということです。

日常業務の「仕組み化」が もたらしたメリット

ワークスタイルが変わった！

「仕組み化」前		「仕組み化」後
毎日、早朝から夜中まで仕事（「作業系」のタスクがほとんど）	⇨	・多くの時間と労力を、新しい仕事に向けることが可能に ・社外の人に会う機会も増え、人脈が広がった ・趣味の時間も増えた

業績が向上した！

「仕組み化」前		「仕組み化」後
長時間労働を続けなければ業績は維持できなかった	⇨	労働時間に関係なく、業績が安定するように

POINT

「仕組み」は、労働時間の短縮や業績の向上などの効果をもたらす。さらに、新たにできた時間を有効に使えば、自己成長にもつながる！

「仕組み化」で自分の時間をつくる　04

「仕組み」づくりは、将来の自分の時間への投資になる

「仕組みを一生懸命考えている時間があったら、仕事をさっさと片づけたほうが早い」

それも一理あります。実際、きちんと使える「仕組み」をつくろうと思ったら、そのときは、「仕組みをつくる」という仕事がひとつ増えることになりますから、ただその仕事をこなすだけよりも、余計な時間と手間がかかることは確かです。

そんなときは、こう考えるといいでしょう。

「ここで仕組みをつくっておくことで、あとでどれだけ楽できるか」

そして次のように、具体的にどんな仕事を「仕組み化」すれば、どんな効果が発揮されるか考えて、実践してみましょう。

例1　社内提出書類のチェックシート

たとえばあなたがマネジャーだとします。社内文書の書き方や提出先について、たびたび部下に質問されることがあり、時間を取られていました。

そんなときは、社内文書の提出先を一覧表にして、さらに提出の流れをチェックシート形式にまとめておけば、次からはいちいち頭を働かせることなしに、流れ作業として書類を提出できるようになります。そうなれば、自分の書類管理が楽になるだけでなく、部下に聞かれたときに、いちいち説明する手間がなくなります。

例2　ミーティング議事進行マニュアル

マネジャーのあなたはいつもミーティングの司会をやっているとします。あなたはなんとなく普段の流れで司会を務めていますが、あなたがいないときは、他のメンバーはその流れがわからず、スムーズにミーティングを進行することができませんでした。

ミーティングの司会をする人のために、わかりやすい議事進行マニュアルを作成すれば、次から同じ仕事を同僚や部下にまかせることができますから、それによってあなたの仕事がひとつ減るほか、ミーティング自体の質も上がることになるでしょう。

このように、「仕組み」をつくることは、将来の自分の時間への投資と考えることができます。

「仕組み」づくりは、将来の自分の時間への投資

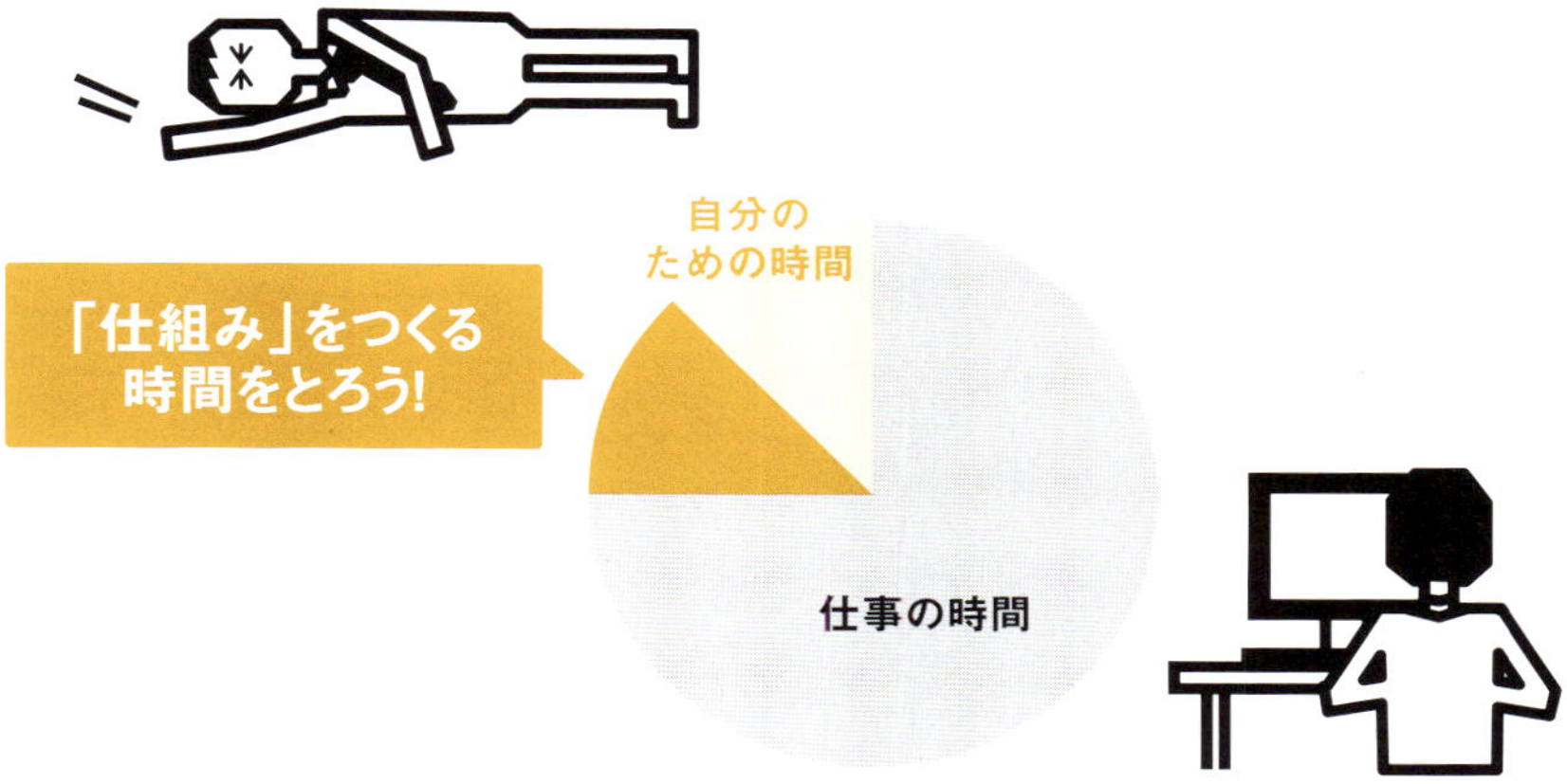
自分の
ための時間
「仕組み」をつくる
時間をとろう!
仕事の時間

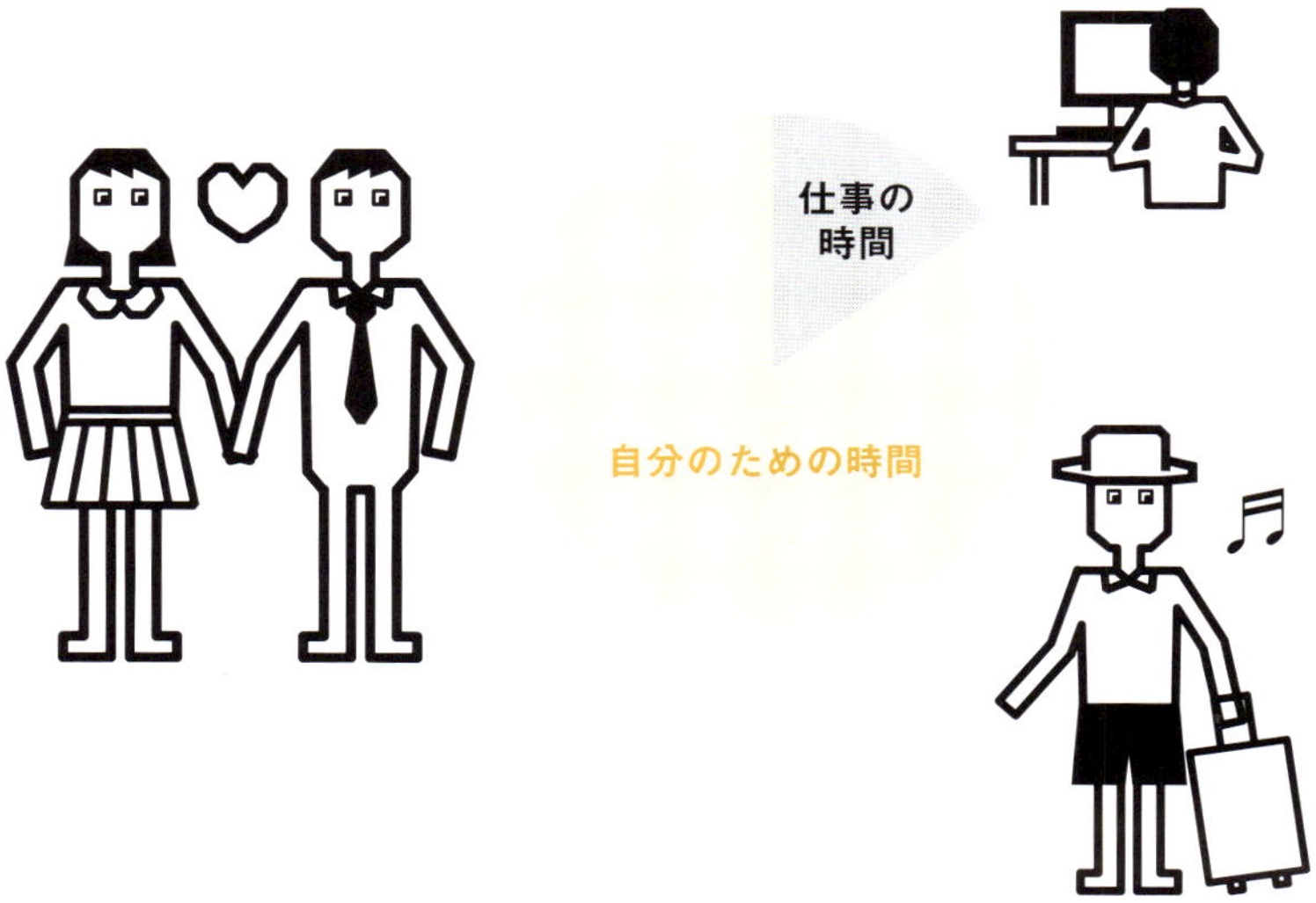
仕事の
時間
自分のための時間

POINT

忙しいなかで「仕組み」づくりをするのは、最初は面倒かもしれない。しかし、一度つくれば後からぐっと楽になる!

その「忙しい」は本物？

05

「忙しい」や「時間がない」は言い訳にはならない

あるとき私は「忙しい」などとも言っていられないほどの、切実な状況になりました。

いっとき会社の経営が苦しくなり、その月末には資金がショートする状態に陥ったことがあったのです。今しなければならないことは何か、優先順位をつけて、必要なことにきちんと取り組まなければ倒産する……。

そうした危機感から、私は初めて切実に「仕組み化」の必要を感じ、「するべきこと（ＴＯ　ＤＯ）」をリストにまとめてチェックシートを作成しました。そうした取り組みがしだいに効果を発揮し、結果、経営難から脱出することができました。

１００万部を超えるベストセラーとなった「レバレッジ」シリーズで知られる本田直之さんは、『レバレッジ時間術』（幻冬舎新書）で、次のように書いています。

問題なのは、「忙しい」＝「これ以上は何もできない」と思い込んでしまうことです。つまり、効率化する努力を放棄して、勝手に自分の限界を引き下げてしまうわけです。

そこで、もし「忙しい」と自認している人がいれば、ぜひ冷静に自問してみてください。その忙しさは、成功している企業の経営者を凌ぐほどでしょうか。あるいは一国の大統領や首相より時間に追われているでしょうか。そう考えれば、「自分なんかまだまだ甘い」ことがよくわかります。

世の中で成功を収めている人は、限られた時間の中で、いかに成果を出すかを突き詰めて追求している。だからブレイクスルーができるのです。

私の感覚で言えば、人が「忙しい」と感じるとき、まだ一〇倍程度の仕事はこなせると思います。かつて私がアメリカのビジネススクールで経験したように、信じられないほど膨大な課題に直面しても、考え方さえ変えることができれば、誰でも相応にクリアできるようになるものなのです。

「考え方を変える」こと、それがつまり「仕組み」をつくることの第一歩であるといえます。「仕組み」をつくることで、仕事の処理能力が飛躍的に高まり、結果として、仕事は次のステージに進むことができます。忙しいときこそ、成長のチャンスなのです。

「忙しい」と感じているときこそ、次のステージに進むチャンス!

つい、こんな言葉を発していませんか？

冷静に考えてみよう!

- ・アメリカ大統領よりスケジュールが詰まっているか?
- ・成功している企業の経営者よりも忙しいか?
- ・人気絶頂のアイドルより睡眠時間が少ないか?

POINT

忙しいときこそ成長のチャンス。
「仕組み」づくりで、次のステージへ進もう！

06 「仕組み」でチームを動かす

マネジャーに必要な「仕組み」づくり

「仕組み」さえできあがっていれば、誰が、いつ、何度やっても、同じように効率的に仕事を進められるようになります。これは自分の仕事に関しても、人を動かすマネジメントに関しても、それぞれいえることです。

仕事をしていると、いずれ部下を持つようになり、管理職として責任を持ってチームをまとめる立場になっていきます。

そんなマネジャーに求められるのは、「自分の能力」だけを全開にして仕事をバリバリとやっつけていくことではありません。それよりも、「他人の能力」を信頼してまかせられるようになること――それこそが、人を動かす立場にあるビジネスマンにとって必要なスキルです。

他人にまかせることは、自分ひとりでやるよりもずっと難しいといえます。のみ込みの悪い部下に仕事の手順やコツを一生懸命教えながら、「本当は自分でやったほうが早いのに！」と内心イライラしてしまうことだってあるでしょう。

そこで有効なのが、「仕組み」をつくることです。部下のスキルが特に高かったり、器用だったりしなくても、それに従って身体を動かすだけでしっかり結果が出せるような「仕組み」づくりです。

もう少しいえば、マネジャーになったら、部下や同僚に仕事をまかせるときに、「やっておいて」と言うだけでは不十分です。彼らがその仕事を問題なく実行できるような「仕組み」をつくって、そのうえで仕事をまかせなくてはなりません。それがマネジャーに与えられた役割なのです。

少し話はそれますが、多くの人は管理職になり部下ができると、「人を管理するのは苦手」「上司らしく振る舞うにはどうすればいいかわからない」などと戸惑いを感じるようです。それまでは自分の仕事に専念していればよかったのに、いきなり「部下を指導するように」と言われても困ってしまうというのは、無理からぬことでしょう。

私はこう考えます。上司として部下を指導する立場になったからといって、急に部下の全人格を理解することはできませんし、また無理やりコミュニケーションの達人になる必要もないのです。

それよりも上司が部下に、そしてチームに対してまずやるべきことは、**部下やチーム全体が働きやすくなるための「仕組み」づくり**なのです。

マネジャーがまずやるべきことは、「仕組み」づくり

**マネジャー経験の浅い人が“部下”を管理するのは難しい。
しかし、「仕組み」をつくって“仕事”を管理することはできる**

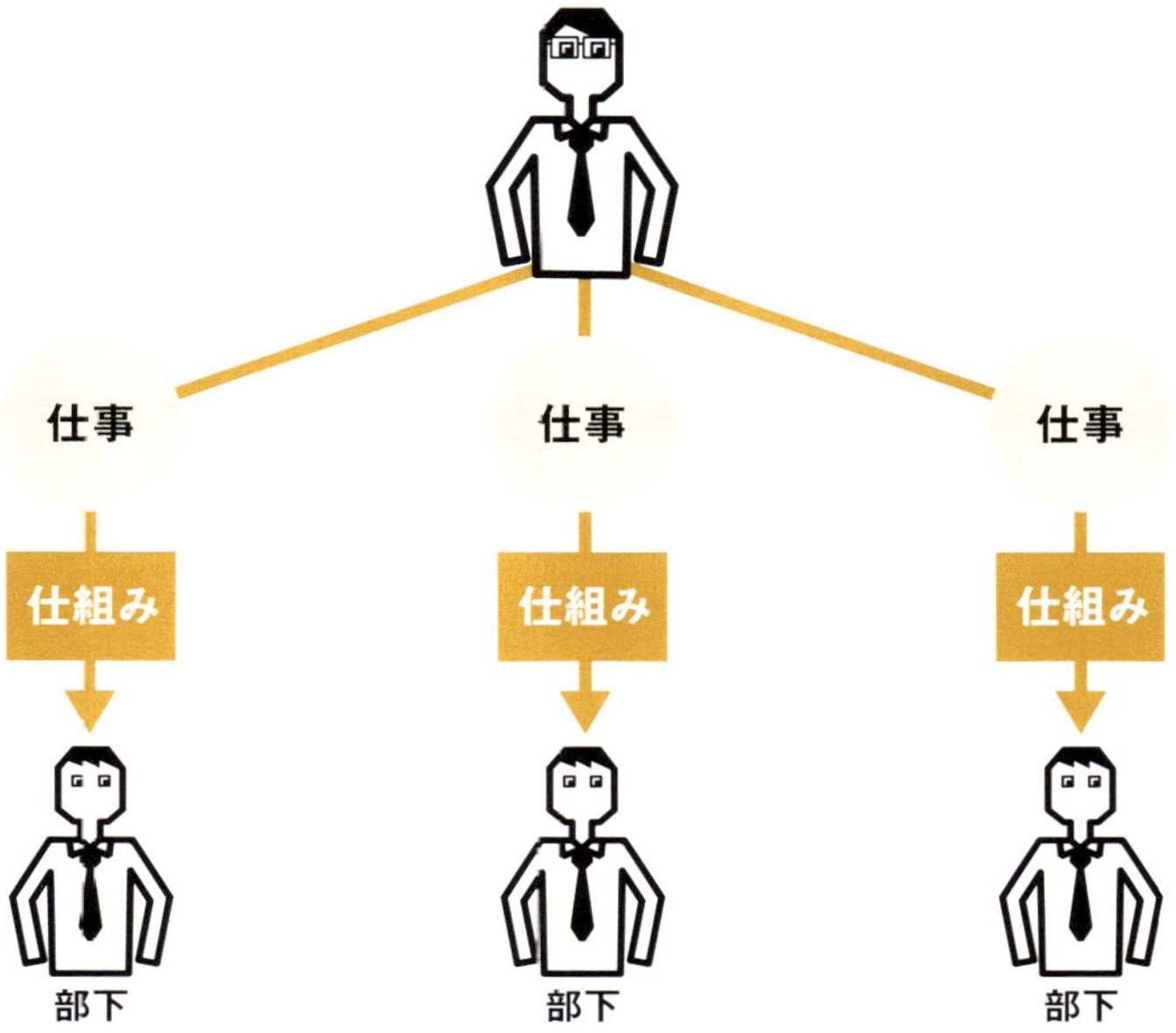
仕事
仕事
仕事
仕組み
仕組み
仕組み
部下
部下
部下

ビジネスの偉人による「マネジメント」についての言葉

管理職の中には、「マネジメントとは人を管理することだ」ととらえている人が多くいます。しかしそれは誤りです。「人の管理」と考えると、自然とその人物を好きか嫌いかで判断・評価してしまうからです。(中略)
では、管理職は何を管理すべきなのか。仕事です。これなら好き嫌いは関係ありません。だから仕事の管理をすればするほど、組織は明るくなります。

小山昇さん(『「儲かる仕組み」をつくりなさい』河出書房新社)

POINT

「仕組み」があれば、部下のスキルややる気にかかわらず、仕事を問題なく処理できる!

07 新人や若手にも「仕組み」づくりは必要

新人や若手に必要なのは「成功者の真似」

この本を読んでくださっている読者の皆さんの中には、まだ経験の少ない若手ビジネスマンの方もおられるでしょう。そんな皆さんがスキルアップして、ビジネスで成功を手にするための早道があります。

それは「成功者の真似をする」ことです。

はっきり言って、自分ひとりの頭で考えることには限界があります。ひとりの人間が歯を食いしばって独力でがんばるよりも、とにかくデキる人の真似をして、それを吸収していくことです。

デキる人、仕事を効率良くこなしているビジネスマンというのは、自分の仕事に「仕組み」ができている人ですから、その「仕組み」を真似するのです。

他人の「仕組み」をベースにして、それを自分なりにどんどんバージョンアップすることで、自分の「仕組み」としていけばいいわけです。

先にもご紹介した本田直之さんは、『レバレッジ・リーディング』（東洋経済新報社）でこう語っています。

> 自分のやる気に他人の知恵や経験というレバレッジをかければ、何十倍、いや何百倍もの結果を出すことができる。

変なプライドは一切持たずに、**まわりの先輩や同業者、あるいはビジネス書の中から先人の知恵と経験を盗み、自分のものにしていくこと**です。そのためには、本書でご紹介するような「仕組み」で考えることが有効となるでしょう。

「仕組み」をつくれば、「仕組み」を持っていない同期のライバルよりも、ずっと仕事の処理スピードが上がります。そうなれば社内の評価も高まり、次々に新しい仕事をまかせられるようになってくるでしょう。まさに好循環が生まれるのです。

まずは、自分の周囲や本の中に、真似をしたいと思えるような人、採り入れたいと思うような「仕組み」を探してみてはいかがでしょうか。

新人ビジネスマンにとっても「仕組み」は役立つ

まずは成功者の真似をする

仕事ができる
先輩や同業者を観察し、
その仕事のやりかたを真似る
ビジネス書を読み
そのなかから成功者の
経験と知恵を盗む

「仕組み」で好循環が生まれる

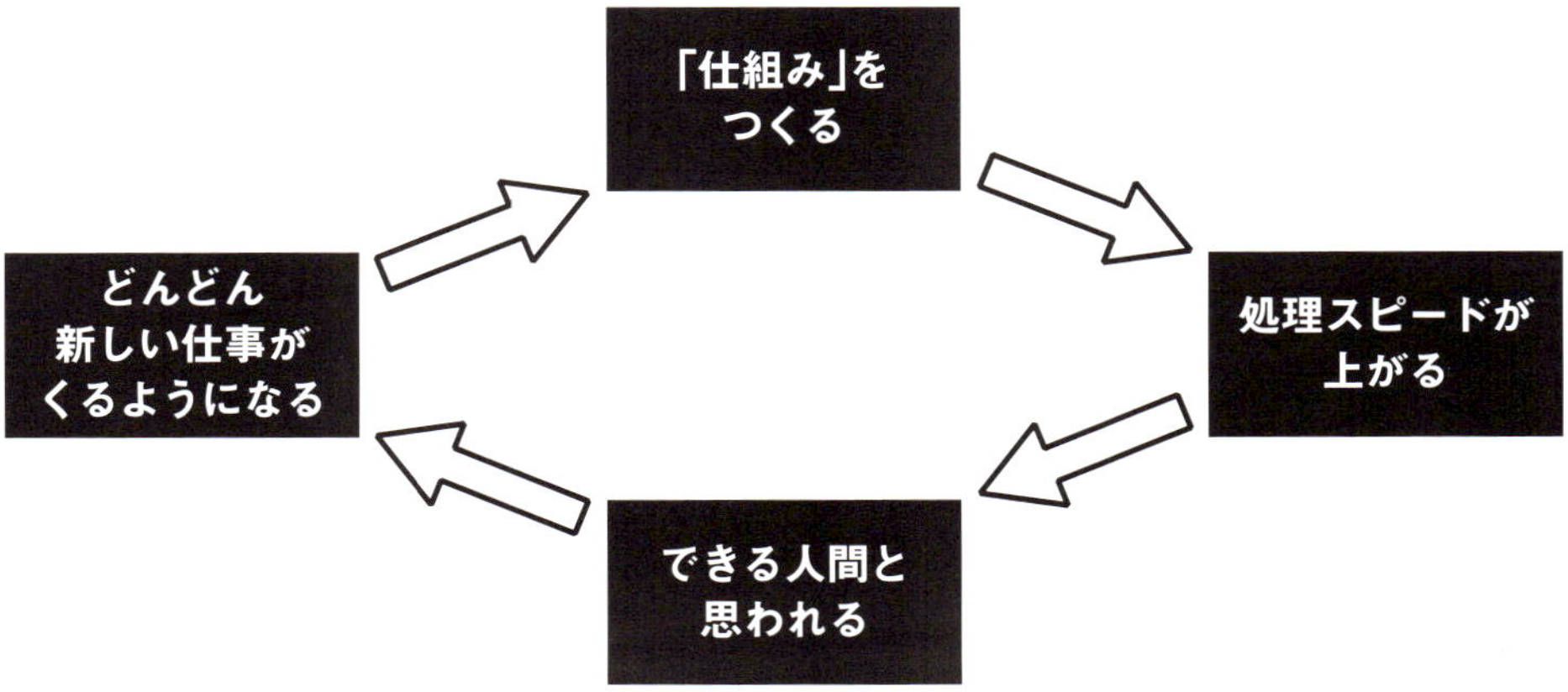
「仕組み」を
つくる
処理スピードが
上がる
できる人間と
思われる
どんどん
新しい仕事が
くるようになる

POINT

**自分の力には限界がある。
成功者の真似をして、「仕組み」を活用することが成長の近道！**

トラブル対策も「仕組み化」する　08

ミスやトラブルへの対策も「仕組み化」できる

　仕事にミスやトラブルはつきものです。どんなに注意深く作業しても、思ってもいないところに間違いが見つかったりします。

　また、うまくいっているプロジェクトでも、2回目、3回目と回を重ねるうちに、どこかでミスが生じることもあります。あるいは自分たちにまったく落ち度がなかったとしても、何かのトラブルに巻き込まれて、結果的に周囲に迷惑をかけることだってあるかもしれません。

　皆さんが経営者やマネジャーだったとしても、同じことです。「絶対に失敗しないようにしろ」「ミスをなくせ」と部下を叱責しても、実際には失敗することもありますし、ミスはなくなりません。

　いくらがんばっても、ミスやトラブルが起きる確率をゼロにすることはできないのです。

　だとしたら、トラブルへの対策として、仕事に次のような「仕組み」をつくることを考えるといいでしょう。

□ミスやトラブルが生じる可能性をできるだけ少なくするための「仕組み」をつくる

□ミスやトラブルが生じても、それを早い段階で発見できる「仕組み」をつくる

□ミスやトラブルが生じたときにもすばやく対応できる「仕組み」をつくる

　ちなみに私の会社では、スタッフが仕事でミスやトラブルを起こしても、1回目であれば怒らないことにしています。「今後は気をつけます」というような、（本当にそう思っていたとしても）あいまいで実態のない謝罪をさせても意味がないと考えるからです。

　その代わり、ミスが起きた原因は、すべて自分のつくった「仕組み」にあると考えます。自分のつくった「仕組み」で動いているチームがミスを起こしたのですから、悪いのは、その「仕組み」をつくった自分自身です。

　他人のせいにするのではなく、自分が原因と考え、そして次に、ミスの起こらない「仕組み」づくりにエネルギーを注ぐことで、より向上する会社になっていくと私は考えています。

「がんばります」という具体性のない言葉ですませたり、「彼は几帳面だから大丈夫」などと個人の能力に頼りきるのはやめましょう。仕事に「仕組み」をつくることが大事なのです。

ミスやトラブルが生じたら、「人」を責めずに「仕組み」を見直す

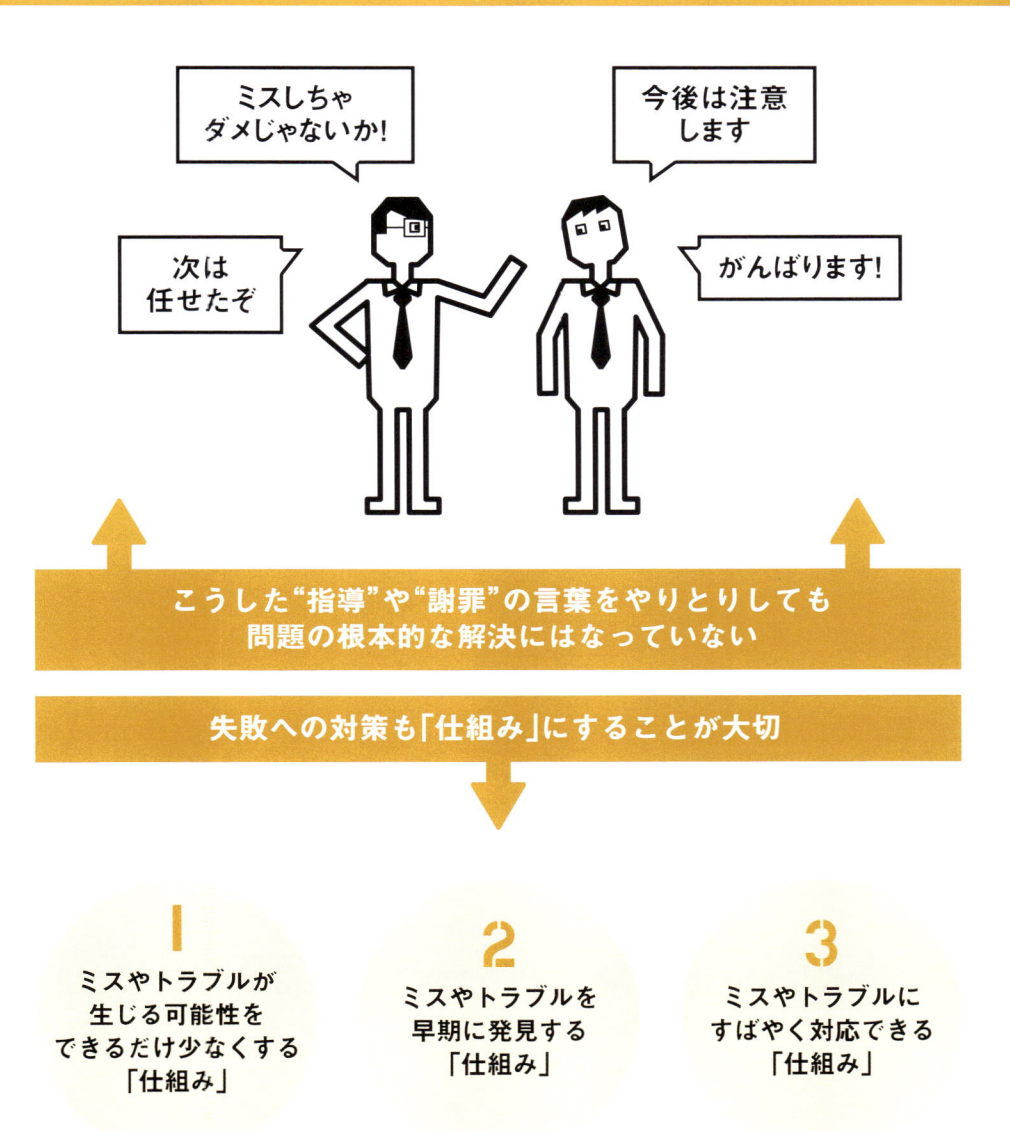

ミスしちゃ
ダメじゃないか!
今後は注意
します
次は
任せたぞ
がんばります!

こうした“指導”や“謝罪”の言葉をやりとりしても
問題の根本的な解決にはなっていない

失敗への対策も「仕組み」にすることが大切

1
ミスやトラブルが
生じる可能性を
できるだけ少なくする
「仕組み」

2
ミスやトラブルを
早期に発見する
「仕組み」

3
ミスやトラブルに
すばやく対応できる
「仕組み」

POINT

ミスやトラブルが発生したときの対策を「仕組み化」しておこう！

「仕組み」が遂行される「仕組み」をつくる

09

「つくって終わり」は×。つねに使える「仕組み」にアップデートする

仕事に「仕組み」をつくることで、「仕組み」で自分を動かし、「仕組み」でチームを動かし、そして「仕組み」で会社を動かすことができるようになります。そして、それがうまくいくためには、取り入れた「仕組み」が適切なものであるか否かがポイントとなります。

逆にいえば、**問題が生じたり仕事が効率良くいかないようなら、それは、「仕組み」自体にまだ改善の余地があるということです。**

チームや会社がうまくいっていないと感じたら、特定の要素や誰か個人のせいにする前に、まず「仕組み」を見直してみることをお勧めします。そうすれば、たいていは原因が見つかるものです。

なんでもそうですが、最初からうまくいくとはかぎりません。トライ&エラーというように、試行錯誤を繰り返すなかで、自分や自分の組織に最適な「仕組み」をカスタマイズしていくのがいいでしょう。

さてこうやって、せっかく会社やチームの業務に「仕組み」をつくっても、いつのまにか「面倒くさいし使いにくいから、もういいや」となっては意味がありません。

そうならないためにも、つねに使える「仕組み」にアップデートしておくとともに、その「仕組み」をみんなに使わせるための「仕組み」も同時に考える必要があります。

先にご紹介した小山昇さんが経営する株式会社武蔵野では、部長以上の役職につくと、年に1回か2回、必ず1週間程度の休暇をとらなくてはいけない決まりがあるそうです。

というのも武蔵野では、自分がいないときでも部下が代わりに同じ仕事をして、チームが問題なくまわるよう、仕事内容をすべて「仕組み化」しておくことが上司の仕事のひとつなのだそうです。

つまり、**上司の仕事を本当に部下ができるようになっているか、上司がいなくてもチームがまわるのか**――それを実際に確かめるために、わざとそこだけは何があっても休みをとらせるわけです。

休暇期間中は、上司が出勤することはおろか、部下が上司に電話をして仕事内容を聞くだけのことでも、上司自身の評価減の対象となるそうです。

小山さんの会社は、このように「仕組み」がきちんと遂行される「仕組み」をつくっているのです。

「仕組み」を実践し、検証し、改善していく

「仕組み」をバージョンアップさせる

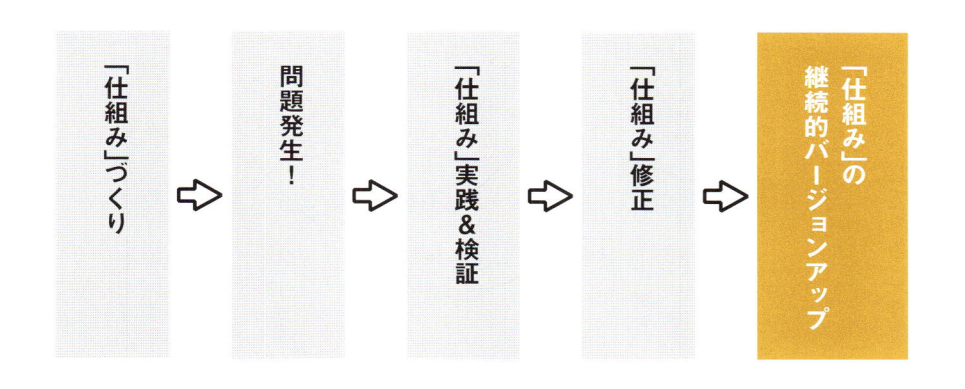

「仕組み」づくり ⇨ 問題発生！ ⇨ 「仕組み」実践＆検証 ⇨ 「仕組み」修正 ⇨ 「仕組み」の継続的バージョンアップ

武蔵野流、「仕組み」の確認方法

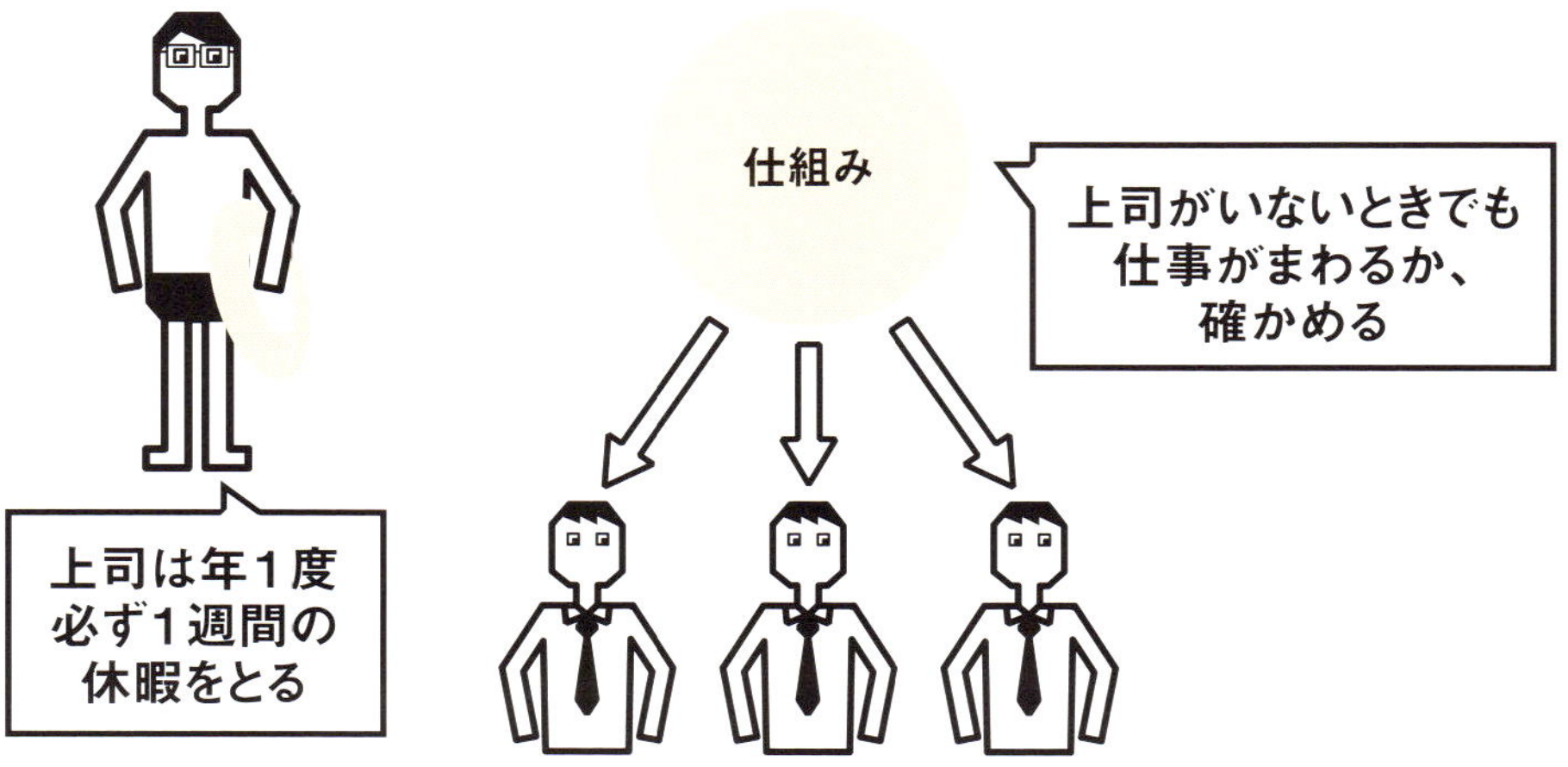
仕組み
上司がいないときでも
仕事がまわるか、
確かめる
上司は年１度
必ず１週間の
休暇をとる

POINT

**「仕組み」は使ってナンボ。
チーム全員が使える「仕組み」をいつも考えよ！**

やる気が続く「仕組み」をつくる 10

強い意志や根性がなくても続けられることが大事

「継続は力なり」ということわざがありますが、実際、続けることはなかなか難しいことです。

たとえば、「運動不足だからトレーニングをしよう！」とスポーツジムに通いはじめたとします。

エアロビクスの初級クラスに入り、週に1回必ず通っているうちは良かったのですが、仕事が忙しくなり1週休んでしまった。そうなるとだんだん行きづらくなって、いつのまにか月に一度も行かなくなり、結局、会費がもったいなくなって半年もせずに退会してしまった……。

似たような経験が、皆さんにもあるのではないでしょうか。

このように、最初はモチベーションが高いのに、それが続かないという状況は誰にでもあるものです。それをグラフにしたのが左ページの図です。

有名な「ロングテールの法則」のグラフに似ていますが、このヘッドの部分を続けるためには、やはり「仕組み」をつくることが有効です。

「仕組み」なしで行き当たりばったりに取り組むだけでは、物事は絶対にうまくいかなくなります。逆にいえば、**続けるだけで、9割のことはうまくいきます。**そのための「仕組み」をつくるのです。

「続けることが大事」というと、そのためには「根性」や「強い意志」が必要と考える方もいらっしゃるでしょう。確かに、根性や強い意志があれば、先のスポーツジム通いだってもっと長く続いたかもしれません。

しかし後の項で改めて説明しますが、「意志の力」は意外と不確かなものです。人それぞれの事情に左右されるからです。というのも、私自身意志が弱く、同じことを続けられない自分にずっと悩まされていた時期がありました。

そこで考えた結果、「意志の力」に頼るのではなく、「仕組みの力」に頼るというルールをつくったのです（22ページでご紹介した「仕組み」仕事術 3つの黄金ルールのひとつ）。

「仕組み」のとおりにやっていたら、「気がついたら、いつのまにか続いていた」……そんな「仕組み」を考えてみましょう。

次のページでは、継続するための2つのアイディアをご紹介します。

モチベーションは ロングテールのように変動する

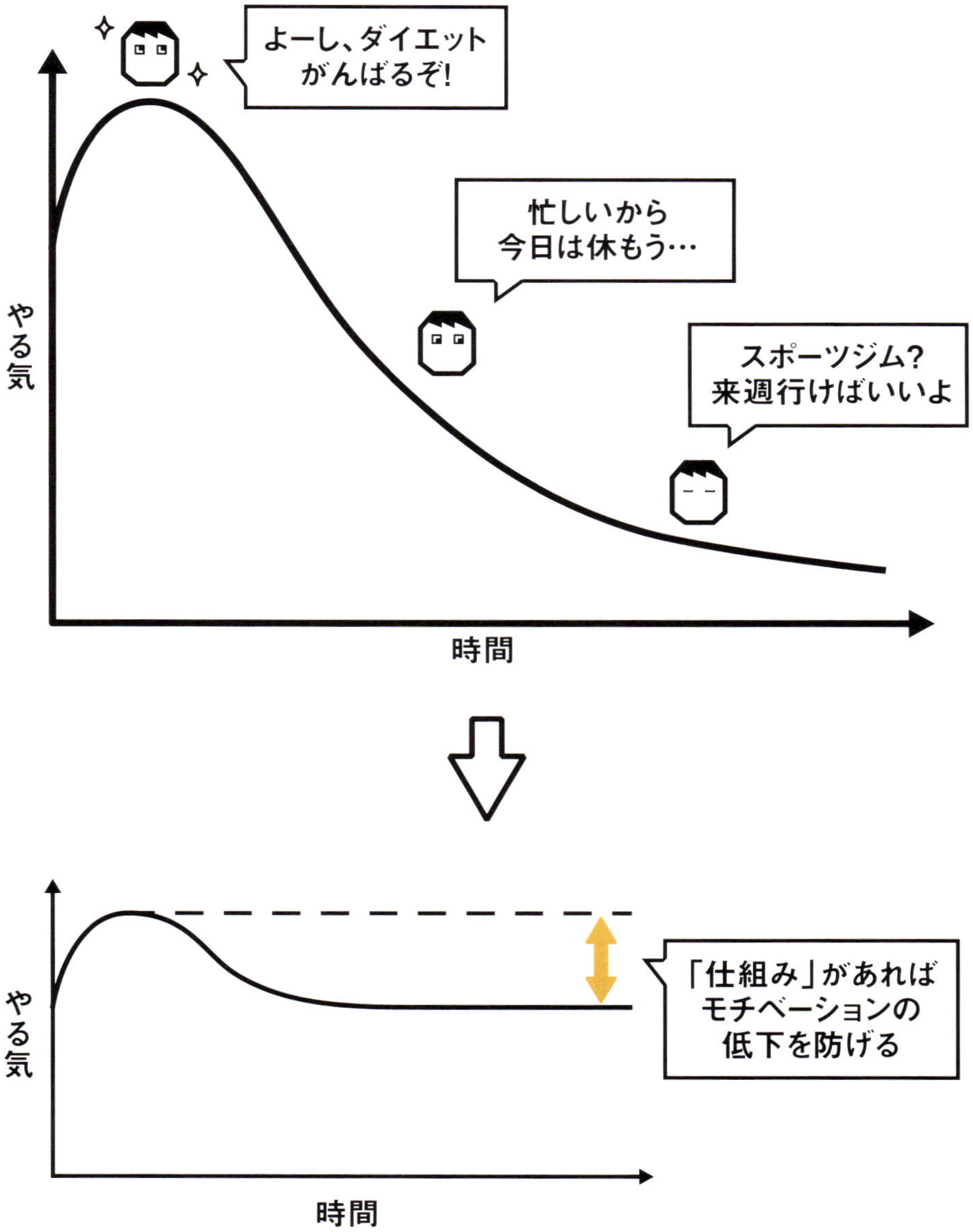
よーし、ダイエット
がんばるぞ!
忙しいから
今日は休もう…
スポーツジム?
来週行けばいいよ
やる気
時間
「仕組み」があれば
モチベーションの
低下を防げる
やる気
時間

10 やる気が続く「仕組み」をつくる

「小さな目標」と「他人のパワー」

アイディア1 小さな目標をつくる

日本の行動科学マネジメントの第一人者であり、『「続ける」技術』（フォレスト出版）などベストセラーの著者としても知られる石田淳さんは『すごい「実行力」』（三笠書房）で、行動を習慣化するためのツールとして、ポイントカードを推奨しています。

たとえば早起きを毎日続けようと思ったら、自分でポイントカードをつくり、次のようなルールを決めるのです。

「時間どおりに起きられたらシールを1枚、時間前に起きられたらシールを2枚」

シールが10枚たまったら、自分に何かごほうびを用意するようにします。そうして何日か早起きを続けているうちに、ポイントカードにシールを貼っていくのが楽しくなってくるというわけです。

このように小さな目標をつくり、それをひとつずつクリアしていくことで習慣をつくるのは、誰にでもできる方法だと思います。

アイディア2 他人のパワーを使う

先ほどスポーツジムの例を挙げましたが、じつは私自身、数年前からジムに通っています。もともと怠け者の私は、なんとかして投げ出さずに続けるための「仕組み」はないかと考えた結果、パーソナルトレーナーと契約することにしました。

たとえば毎週水曜の朝8時にトレーナーと約束していたら、嫌でもサボるわけにはいきません。もちろん、通常のジム使用料よりもお金はかかります。しかし、基本料金だけ払って結局ジムに行かなくなるよりも、毎回いくらか多くお金を払うことで、「行かざるを得ない仕組み」をつくったわけです。

友人や知人に「公言する」ことも大きな効果があります。また自分の話で恐縮ですが、私は2年前に「ダイエットするよ」とまわりの人間に言って、1年で体重を26キロ落とすことに成功しました。このときに私の頭の中にあったのは、「言ったからには、やらないとかっこ悪い」。ただ、これだけでした。

このように「続ける」ために他人のパワーを使うことは、たいへん効果があります。

意志や才能は不要!
続けるための簡単なアイディア

アイディア1　小さな目標をつくる

［ポイントカード］

10枚たまったら
自分にごほうび!

小さな目標をひとつずつ
クリアしていくうちに
習慣になっていく！

習慣

アイディア2　他人のパワーを使う

トレーナーを予約する

友人・知人に公言する

ダイエット
するよ!
応援するよ
本当にできるの?
がんばれー!

POINT

モチベーションは自然と低下していくもの。
「仕組み」があれば、意志や根性に頼らず継続できる！

COLUMN 2

思考を「仕組み化」しよう

作業の「仕組み化」と同じように、思考も「仕組み化」することができます。

仕事や作業の「仕組み化」は、目で見えるものなので、比較的イメージしやすく、取っ掛かりにはとてもやりやすいものだと思います。

でも、思考の「仕組み化」と聞いても、なかなかピンとこないはず。

思考の「仕組み化」とはつまり、思考のフレームワークをつくるということ。

たとえば、新しいｗｅｂサービスを立ち上げる、というとき。どのように考えるのがいいのでしょうか？

何かの事業立ち上げは、事業の内容は異なるにしても、その思考自体はほぼ同じです。

たとえば、こんなサービスをつくりたい！　と思っても、それを望んでいる人がいなければ事業として成り立ちません。また、つくりたいと思っても、つくる方法をしらなくては、当然立ち上げられません。

一方、ニーズはあるが、競合他社が多すぎるという場合にも、事業を成り立たせるのはかなり難しくなります。

そういった思考は、どんな企画でも同じように使えます。

たとえば、「新規事業の立ち上げの際は、自分ができることで、お客様が望んでいること、かつ他社にはできないこと、を考える」というフレームワーク（つまり思考の「仕組み化」）があるだけで、１秒でこの思考にたどり着くことができるのです。

思考が無駄な道にそれることなく、答えを最短で見つけられるようになるのです。

思考を「仕組み化」するために、私がいつも行っていることが２つあります。

ひとつは、思考のリマインドのための「仕組み化」をしています。具体的には、毎週思い出したいことをＴＯ ＤＯに入れて、脳に刷り込まれるまで毎週毎週、目にするようにしています。

もうひとつは、思考回路の「仕組み化」。

会議や、ビジネスアイディア、面接にまで、「仕組み」を取り入れています。これらは、内容は毎回異なっていても、考える思考回路はほぼ同じ、ということに気づいたのです。

何を考えていけばいいかというリストをつくり、それを見るだけで、議題が漏れることなく会議が進んだりします。また、新しいビジネスを思いついたときの試算やリスクも「仕組み」ですぐわかる。

そんな「仕組み化」が、クリエイティブな仕事にもとても役立っているのです。

PART 3

チェックシートで「作業系」の仕事を徹底的に効率化

MAXIMIZE YOUR EFFICIENCY BY CREATING CHECK LISTS

チェックシートを徹底活用しよう 01

チェックシートで仕事のスピード向上。ストレスも軽減

仕事を「仕組み化」するということは、つまり仕事の進め方にフォーマットをつくり、それを「才能」「意志の力」「記憶力」にかかわらず、誰でも再現できるようなルーチンをつくることです。

『海馬』（新潮文庫）、『進化しすぎた脳』（講談社ブルーバックス）などのベストセラーで知られる東京大学大学院准教授の池谷裕二さんは、こう語っています。

ルーチンワーク化するということは、無意識化するということ。無意識の記憶を司る線条体が関与していると考えられます。繰り返すことで体が覚える。無意識だから苦にならない。そういう状態を一般的には、「集中している」とよんでいるのです。

（「プレジデント」２００７年4月16日号より）

作業系の仕事を「仕組み化」することで、仕事に対するストレスは明らかに軽減します。

「ああ、面倒くさい」「やりたくない」と感じて腰が重くなることがなくなり、そのぶん仕事のスピードも向上します。作業系の仕事の「仕組み化」にはいろいろなメリットがあるのです。

「なるほど。そうしたら、具体的にどんなフォーマットをつくればいいの？」

そんな皆さんの声が聞こえてきそうですね。本章では下手な理屈を並べるよりも、実際に私が自社で使っているツールをご紹介しましょう。

私が代表を務める日本ファイナンシャルアカデミーでは、個人の方がお金に関する正しい知識と教養を身につけるためのスクールを開校しています。

左のページで紹介するのは、その体験入学説明会の会場を準備する際に用いているチェックシートを、本書用にやや簡略化したものです。

このシートはエクセルで作成され、社内の共有フォルダに入っているので、スタッフはそのつど、いつでも取り出して見ることができます。

「チェックシートをすぐに取り出して見ることができる状態」にしておくことも、「仕組み」が遂行されるためにはとても大切です。

著者の会社で実際に使われている体験入学説明会チェックシート

スタッフ名[　　　　　　　　　　　　]

✓	予定時間	処理時間	TO DO	詳細
☐	17:30	:	名簿	名簿を印刷する
☐	18:00	:	エアコン	快適な温度に(基本設定26度)
☐	18:00	:	スピーカー ピンマイク	講師に使用の有無を確認。使用する場合は、ボリュームを調整する。スピーカーのみ電源を入れた状態にする。
☐	18:00	:	おつり	名簿を確認し、予想されるおつりを準備する。
☐	18:00	:	領収書	領収書に金額を書いておき、受付台の下に入れる。
☐	18:20	:	お客様案内看板	1F玄関から出た道路に設置する。
☐	18:25	:	水	講師テーブルに水を用意する。コップに3杯。
☐	18:25	:	中間報告	担当社員にチェックシートを確認。
☐	18:30	:	受付	こんにちは、お名前を頂戴してもよろしいでしょうか。 名前と入金を確認する。入金がない場合は代金をお支払いいただく。 名前がない場合は申し込みの経緯を聞き、中でお待ちいただく。
☐	18:55	:	飲み物	後方にお飲み物がございます。ご自由にどうぞ。
☐	19:00	:	開始	入り口の扉を閉める。
☐	20:10	:	スタッフ動員	申込用紙を配る必要があるため、講義の進行状況を確認しに行く。 講師から合図されたときに申込用紙を配る。
☐	21:00	:	ミーティング	各申し込み内容を講師・スタッフで確認する。
☐	21:10	:	体験会レポート	\\共有PC\体験会\体験会レポートをXXX@jfa.acに送信する
☐	21:30	:	片付け	消灯、カギなど
☐	翌日	:	ハガキ	DBより送り状データ抽出をした後、\\共有PC\書類\住所ラベル印刷(PB).xlsから宛名シールを印刷する。ハガキ見本をハガキにコピーする。ハガキに宛名シールを貼り発送。
☐	翌日	:	提出	名簿、申込用紙、体験会チェックリストを担当者に提出する。

チェックシートを徹底活用しよう 01

「作業系」の仕事を、流れ作業の要領で処理する

前ページのチェックシートを使って、実際にどのように作業するのでしょうか。

・17時半にデータベースから名簿を印刷する

↓

・18時に講師にピンマイク使用の有無を確認し、使用する場合はボリュームを調整する。スピーカーのみ電源を入れた状態にする

↓

・18時25分に講師テーブルにコップ3杯分の水を用意する……

このように具体的に細かい手順まで書かれたチェックシートを、**担当者がプリントして、上から順番にひとつひとつ確認し、済んだＴＯ ＤＯにチェックマークをつけていけばいいだけです。**

ホワイトボード用のマーカーのインクが薄くないか、ウォーターサーバーにはちゃんと水が補充されているか、掲示物がはがれていないか、ゴミ箱が決まった場所に置かれているか、ラジカセのボリュームは10程度になっているか、などなど。

当たり前のことから、つい見過ごしやすい細部まで、とにかくあらゆる「やるべきこと（ＴＯ ＤＯ）」が、すべてチェックシートになっています。

担当者はいちいち「次は何をすればいいんだろう？」と考えることなく、書かれている時間どおりに、上からサクサクとこなしていけばいいわけですから、簡単です。頭を使わず、流れ作業の要領で会場準備を完了させることができます。

担当者が特別にキレイ好きだったり、段取り上手だったりしなくても、キレイ好きな人や段取り上手の人がやるのと同じくらいキレイで、来場者に満足していただける会場設営ができるのです。

このチェックシートのフォーマットを最初につくったのは私ですが、次からはスタッフに管理や更新をまかせるようにしました。責任者が管理だけを行って、実際の作業は、入社したての新人やアルバイトにまかせることもできるようになっています。

それもこれも、こうやってフォーマットを一度つくってしまいさえすれば可能となるわけです。

チェックシートさえあれば、
誰でも簡単に仕事が処理できる

例 体験入学説明会チェックシート（前ページ参照）

17:30
名簿を印刷

18:00
ピンマイクと
スピーカーを準備

18:25
講師テーブルに
水を用意

↓

チェックシートの指示に従って、淡々と作業するだけ。
頭を使わず、スピーディーにできる

新人アルバイト　　掃除苦手　　段取り苦手

POINT

担当者がキレイ好きか、段取り上手かは関係ない。
新人でも経験者でも、誰がやっても同じ水準で作業が完了できる！

使えるチェックシートをつくる4つのコツ 02

仕事の内容と手順をチェックシート化する

1 「TO DO」と「詳細」に分ける

チェックシートというと、ふつうは「ホワイトボードの準備」「拭き掃除をする」のように、行動をひとことで示し、一覧に並べたものをいうようです。前出の体験入学説明会チェックシートでいうと「TO DO」の部分がそれに当たります。しかしTO DOだけだと、具体的に何をすればいいのかわかりません。

そこでチェックシートに「詳細」欄をつくり、さらに具体的な行動内容や関連URLをそこに示しておくことで、経験の浅い新人やアルバイトでも迷わずに実行できるようなチェックシートにします。

2 できるだけ細かい手順に落とし込む

「詳細」はできるだけ具体的に、細かい手順にまで落とし込むこと。それが、手を止めることなく仕事を進めるためのポイントです。たとえば「拭き掃除をする」というTO DOの「詳細」では、「トイレの棚の下段にある洗剤と、3F流し台の下にある雑巾を使う。机・ホワイトボード・受付台を、洗剤を使い乾拭きする」となっています。「細かすぎるのでは？」というくらいがちょうど良いようです。

3 判断を入れない

その場での判断に頼るTO DOは極力減らすことがポイントです。判断要素が入ると、そこで手が止まってしまうからです。たとえば、「来場者の人数しだいでスタート時間を調整する」という表現だと「人数」「調整」の部分があいまいなため、人によって判断基準がまちまちになります。そこで、次のような書き方にします。「定時になっても来場者が10人に満たない場合は、スタート時間を5分遅らせる」。これなら基準が明確ですから、判断が入る余地はありません。

4 二度目からはアルバイトでもできるように

仕事のチェックシートは、誰でも使えるものでなければなりません。業務の種類や専門性にもよりますが、基本的には、一度実際に使ったら二度目からはアルバイトでも同じことができるような、シンプルで使いやすいシートを心がけましょう。担当者が頭を使わないで、書いてあるとおりに淡々と処理していけば仕事が終わるというのが理想です。

使えるチェックシートをつくる4つのコツ

1
「TO DO」と「詳細」に分ける
→ 「TO DO」だけでは具体的に何をしていいかわからない！
「詳細」で作業内容や関連URLを説明する

2
できるだけ細かい手順に落としこむ
→ 「マーカー黒、赤、青各2本ずつインクのチェックをする。少しでも書けないモノは捨てる。ホワイトボードイレイザーも……」
詳しすぎるぐらいがGOOD！

3
判断を入れない
→ 担当者が判断に迷って作業の手を止めてしまうのを防ぐため

4
二度目からはアルバイトでもできるように
→ 天才的な技術やセンスがなくてもできる、つまり「才能に頼らない」でできるシートをつくろう！

使えるチェックシートをつくる4つのコツ　02

「作業系」のあらゆる仕事をチェックシートに

私が経営している会社では、個々の業務から会社全体の動きにかかわるものまで、あらゆる仕事にチェックシートをつくり、そして活用しています。左にご紹介するのも、そのごく一部です。

□社内ミーティングをするときのチェックシート
□面接を行うときのチェックシート
□月末業務のチェックシート
□PCのデータ移行をする際のチェックシート
□掃除のチェックシート
□朝出社したときに行うチェックシート
□最後にオフィスを出る人のためのチェックシート
□会計士に送る書類のチェックシート
□出張準備チェックシート

変わったところでは、「給与計算ソフトの使い方」もチェックシートにしています。ソフトの起動手順から、クリックする順番、プリンタの操作方法に至るまで、具体的な作業の手順を徹底的に細かく書き出してリスト化するのです。

たとえば2ページの書類をA4判用紙1枚にまとめて出力するためには、「ファイル」から「印刷」に入って「プロパティ」を開き、「2枚」にして、「OK」「印刷」をクリック……そういった手順まで書いておくと、時間も頭も労力も使わずに、その仕事を完了させることができます。

このような事務作業は簡単なようでいて、意外と手順が複雑なことが多く、ソフトの使い方など何かわからないことが出てくるとそのたびに手が止まり、作業がストップしてしまいがちです。

ストップして先に進めなくなると、たいてい集中力が切れて面倒くさくなってきます。そして、面倒なことは先延ばしに……。そんなことをしているうちに、あなたの貴重な時間と労力はどんどんなくなっていくでしょう。

そうやって、**本当は5分で終わる仕事に、1時間も2時間もかかってしまうのです。**

大げさに聞こえるかもしれませんが、私の感覚では、「仕組み化」をせずにただひたすら作業に取り組んだ場合、その作業に費やされる時間の9割は、こうした無駄な時間です。逆にいえば、チェックシートなどの「仕組み」を導入すれば、作業時間は驚くほどスピードアップするということです。

チェックシートがないと、時間がどんどん失われていく

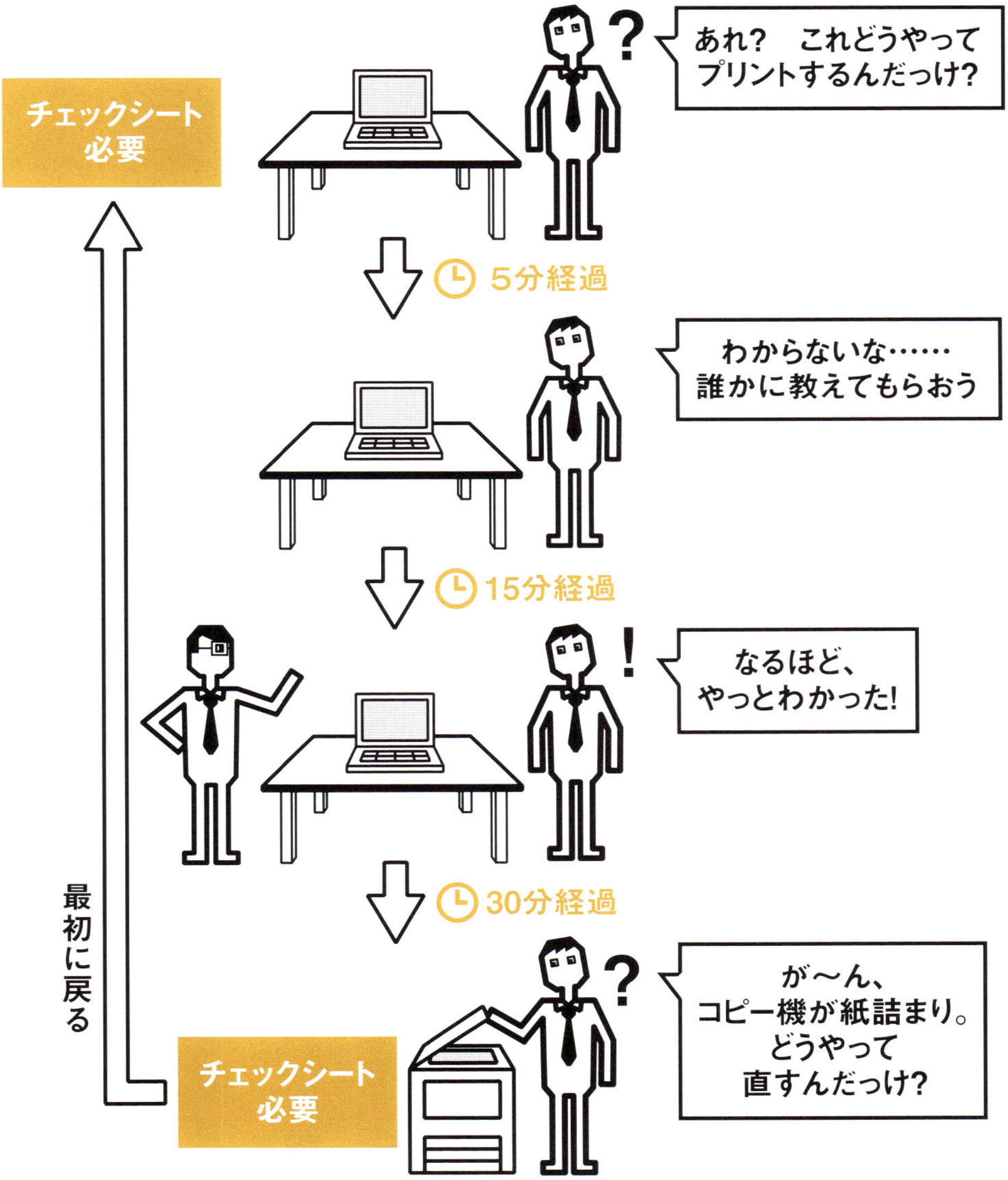
チェックシート
必要
あれ? これどうやって
プリントするんだっけ?
5分経過
わからないな……
誰かに教えてもらおう
15分経過
なるほど、
やっとわかった!
30分経過
が～ん、
コピー機が紙詰まり。
どうやって
直すんだっけ?
チェックシート
必要
最初に戻る

POINT

ありとあらゆる作業の手順を、慣れない新人やアルバイトでも見てすぐ使えるチェックシートにしてみよう！

ルーチンワークを徹底的に効率化する　03

ルーチンワークには必ずチェックシートを。メンテナンスも重要

「ここまではやったけど、そこから先をどうすればいいんだろう」

「そういえばあの件、どうなっていたっけ？」

「……飽きてきた」

　仕事をしているとき、途中でつい手が止まってしまうのは、たいていこのように迷いや飽きなどの余計な考えが仕事のブレーキを踏んでいるからです。ひとたび手が止まってしまうと、集中力を取り戻すのにひと苦労です。

　余計な考えに悩まされずに、そして「強い意志の力」にも頼ることなく仕事を効率的に進めるために、チェックシートはきわめてシンプルでかつ優秀なツールです。

　特に毎月、毎週、毎日という単位で必ず行う仕事、つまりルーチンワークにおいてチェックシートは最大の効果を発揮します。

　たとえば提出書類の確認、経費精算、オフィスの掃除、システムのメンテナンス――チェックシートを使うことで、こうした仕事の効率は驚くほど上がります。

　ルーチンワークにおいては、最初の１回目にチェックシートをつくるのが基本です。

　たとえば毎月第一火曜に社内の定例ミーティングをすると決めたら、その１回目を準備する時点で、リーダーと担当者で議題をリストアップします。売上げ数字の確認、新製品プロジェクトの進捗報告、成績優秀者の表彰、人事の発表など、ミーティングでやることはだいたい決まっていますから、それらをもとにリストをつくってしまいます。

　あとはミーティングの回数を重ねるなかで、不要なＴＯ ＤＯはなくすなど、より実際的で効率的なチェックシートにアップデートしていきます。

　チェックシートはＰＣで作成して、作業のときにプリントアウトして使うことをお勧めします。

　ＰＣで作成することのメリットは、必要に応じて簡単に更新できることです。何度か実際に使っているうちに、「このＴＯ ＤＯは不要だな」「詳細の手順を変えたほうが、より効率的にできる」といった要調整事項が必ず出てきます。そのときに削除や修正が簡単にできなければ、チェックシートもだんだん使われなくなってしまいます。メンテナンスが簡単にできることは、「仕組み」を仕事に定着させるために必要な条件です。

　チェックシートを自分の仕事だけでなく、社内で共有して使う場合には、左のような手順で作成・管理するといいでしょう。

チェックシートを社内で共有するときのコツ

1

チェックシートは共有フォルダにわかるように保存し、必要なときにいつでも、誰でもすぐに使えるようにしておく

共有フォルダ
共有することで
つねに最新版の
チェックシート
が使える
チェックシート

2

チェックシートを使用するメンバーでメーリングリストをつくり、チェックシートの更新などがあれば、そのつどメーリングリストにその情報を流す

3

シートの更新は誰でもOK。ただし更新したらメーリングリストにその情報を流すこと

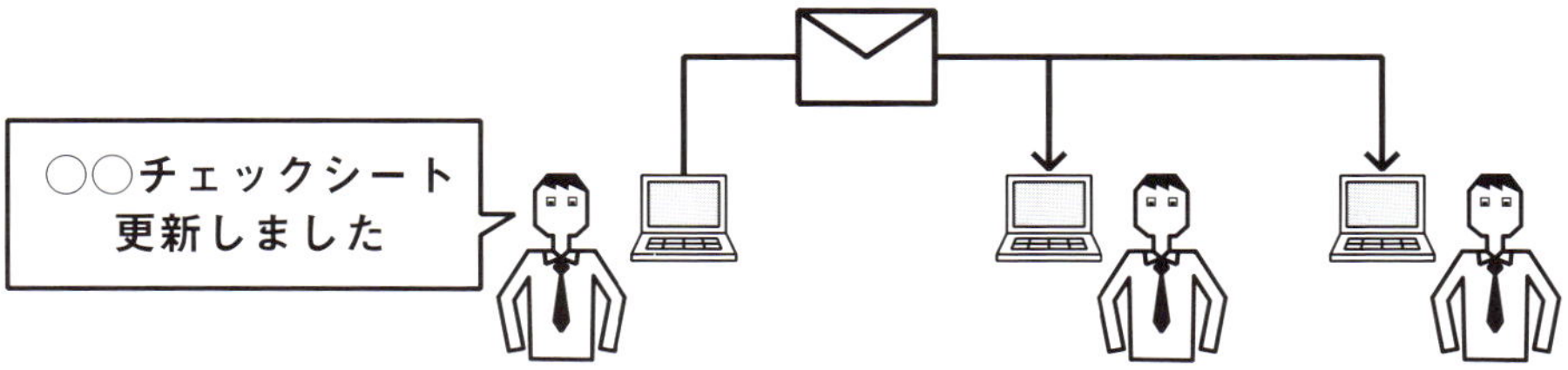
○○チェックシート
更新しました

POINT

チェックシートはルーチンワークの１回目に作成し、その後、メーリングリストなどを使ってメンテナンスする！

COLUMN 3

「仕組み化」＝「他人に仕事を押しつけること」ではない

「仕組み化で誰もができるようにしよう」という考えは、自分のやっている面倒な仕事を他人に押しつけたり、やらせたりすることでは決してありません。

自分ですら管理できていない仕事は、そもそも他の人に仕事を依頼することができないという考えのもと、「仕事」のほとんどを自分でもできるし、かつ他人でもできる状態に持っていくということ自体が大切なのです。

人の能力に依存する仕事は、なかなか成長しません。

あなたしかできない仕事は、あなたがいないとまわりません。

そのような状態では、あなたが休みたいと思っても休むことができませんし、体を壊してしまったら、まわりの人に迷惑までかけてしまうこともあります。

さらに、自分の仕事にしがみついている人も成長が遅くなります。

自分の仕事をこなすだけで、効率化や他の仕事に目がいかない。本来であれば、社会人として仕事を通じて日々の成長を得られるにもかかわらず、同じ仕事だけを淡々とこなしているということは、目の前の仕事、業務、思考の広がりを、自分でなくしてしまっているということにもなるのです。

そうならないように私たちの成長を手助けしてくれるのが、「仕組み化」の優れているところです。

よく「人に教えることが、一番の学び」と言われるように、他人に理解してもらうためには、自分がその仕事自体を一番理解し、分解して、伝える必要があるので、自分の能力も高まっていくのです。

他人に仕事を押しつけるために「仕組み化」するのではなく、自分が成長し、さらにそれがチーム全体の成長につながるようにするために、まず目の前の仕事を「仕組み化」してみましょう。

短期的には、そのほとんどは自分自身のためですが、中期的にはチームのためになり、会社のためになり、そして長期的には自分の大きな成長につながっていくのです。

PART 4

TO DOリストを使って、あらゆるタスクを一元管理

USE TO-DO LISTS FOR ALL-IN-ONE MANAGEMENT

01 データ管理の基本をおさえよう

なぜ「一元管理」が必要なのか？

「複数の会社を経営していて、いったいどうやってたくさんの仕事を管理しているんですか？」

ときどき、そんなことを聞かれます。

昔の私は、これまで何度か書きましたが、仕事の山をかかえて早朝から真夜中まで働いていた時期もありました。決して昔から要領が良かったり、段取り上手だったりしたわけではありません。

しかし、ある2つの「仕組み」を仕事に取り入れることによって、私のワークスタイルは劇的に改善しました。そのひとつは前章でご紹介した「『作業系』の仕事を徹底的に効率化すること」。そしてもうひとつが、本章で取りあげる**「あらゆるタスクを一元管理すること」**です。

一元管理とは、ひとことでいえば**「同じものを2つ持たない」**ということです。

たとえば、先月の営業資料を見て検討しようというときに、その資料が、会社のPCに入っているのか、自分のノートPCにも入っているのかわからなくなっていたり、あるいはそのどちらにも入っているけれど、どちらかが更新前の古いバージョンだったり……それでは困ってしまいますよね。

このように一元管理がされていないと、それらを探したり確かめたりする時間も手間も、すべて無駄になります。

時間や手間は、すなわちコストであり、お金です（時給で考えればわかりやすいでしょう）。仕事を一元管理することによって、そういったロスをなくしていくわけです。

一元管理することが、なぜ「仕組み」につながるのか。まだピンとこない方もおられるかもしれません。そんな方は、「仕組み」の定義に戻って考えてみましょう。

そう、「仕組み」とは「誰が、いつ、何度やっても、同じ成果が出せるシステム」のことでしたね。

たとえば、あなたが事故で入院することになったときに、あなたの仕事を他の誰かが代わりにできるようになっている――それが「仕組み」ができているということです。そんなとき、営業資料がどこにあるのか自分でもわからないようでは、話になりません。

「考えるべきこと」以外のことに頭を使わず、また記憶力にも頼ることなく、日々の仕事の山を効率的に処理していくために、あらゆるタスクを一元管理することは、きわめて役立つ「仕組み」となります。

たくさんの仕事をこなすためには「一元管理」が大切

かつての私（著者）は……

ああ忙しい…
このままでは
身体がもたない

「仕組み」を導入

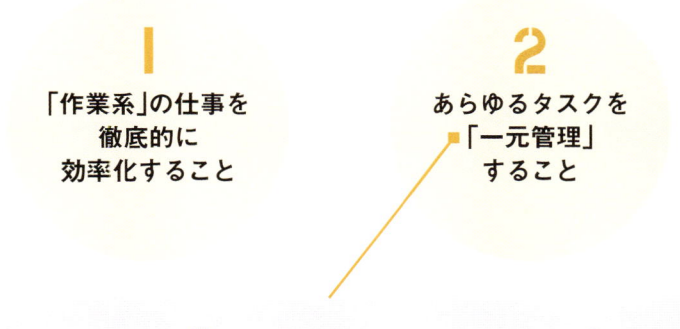

1
「作業系」の仕事を
徹底的に
効率化すること

2
あらゆるタスクを
「一元管理」
すること

一元管理とは……「同じものを２つ持たない」こと

資料、ファイル、メールなど、
１カ所に集約する。
→自分に万が一のことがあっても、
周囲の人に迷惑がかからないというメリット

POINT

資料やファイル、メールなどのデータを一元管理すれば、自分に万が一のことがあっても、周囲に迷惑がかからない！

データを一元管理するための5つのコツ 02

必要なことはすべてクラウドに「記録」する

1 データはクラウドで一元管理

データを一元管理するうえでの最重要ポイントは、情報をとにかく１カ所に集約することです。自宅のデスクトップＰＣとノートＰＣ、スマートフォンなど、複数の端末を利用している方も多いでしょう。その場合、問題になりがちなのが、どのデータがどこに入っているのか、わからなくなってしまうということです。

私の場合、ノートＰＣ１台とiPhoneをいつも持ち歩き、状況に合わせて使っています。そのままでは情報が２カ所に分散してしまうので、一元管理する仕組みとしてクラウドサービスを活用しています。

クラウドサービスとは、データをインターネット上に保存する使い方です。クラウド上でデータを一元管理することで、自分のノートＰＣやiPhoneだけでなく、他のＰＣからも、同じデータにアクセスできます。

たとえば、メールにはグーグルの**Gメール**、スケジュールには**グーグルカレンダー**を使っています。ちょっとしたアイディアや読書の記録など、メモの一元管理には**Evernote**を活用しています。

仕事で使用するファイルに関しては、**ドロップボックス**や**シュガーシンク**を利用しています。この２つはオンラインストレージとも呼ばれ、一度インストールして設定しておけば、あとは自動的にオンライン上にファイルを保存してくれます。ファイルに変更を加えたときは、その変更内容がすぐにオンライン上のデータと同期されます。設定により、特定のフォルダを仲間と共有することも可能です。

この２つのサービスはどちらも同じような機能を持っています。私の場合、ドロップボックスには会社のスタッフと共有するデータを保存し、シュガーシンクには個人用のデータを保存する、というふうに使い分けています。

2 そこになんでも放り込む

情報を集約するクラウドサービスを決め、設定を行ったら、次はそこに「とにかくなんでも放り込む」こと。なぜかといえば、そうすることで、「自分の頭で記憶しないですむ」からです。つまり、**「記憶より記録」**。自分の能力や脳を「記憶」に使うのはもったいない、必要なことはすべてクラウドに「記録」して、頭はそれ以外のところに使うというわけです。

一元管理のコツ 1 2

1 データはクラウドで一元管理

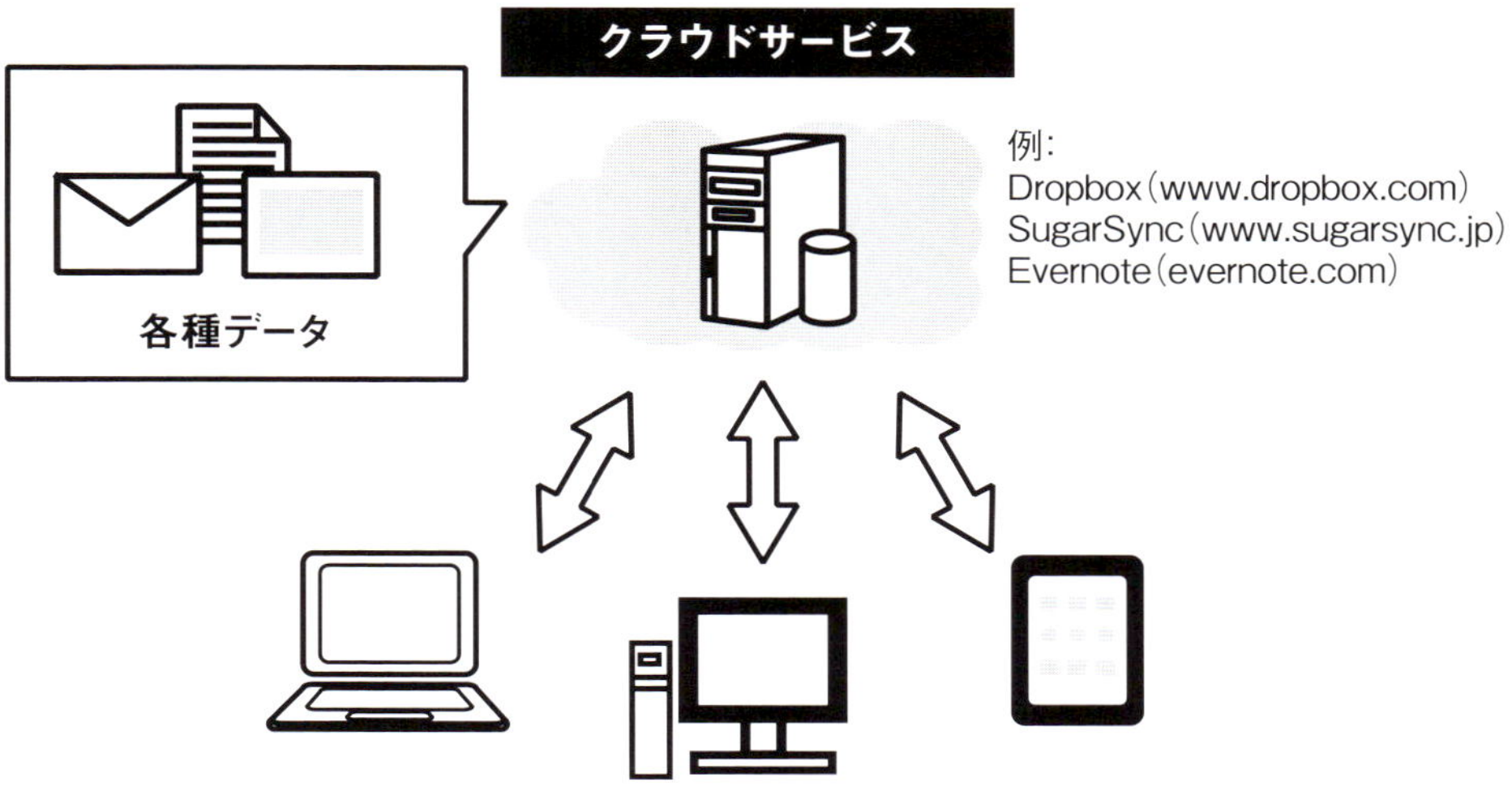
クラウドサービス
各種データ
例:
Dropbox (www.dropbox.com)
SugarSync (www.sugarsync.jp)
Evernote (evernote.com)

【クラウドのメリット】

- いつでもどの端末からも同じデータを利用できる
- フォルダに入れるだけで自動保存
- バックアップも自動化できる（PCが壊れても安心）
- 一定の容量までは無料
- 他の人とファイルの共有もカンタン

2 そこになんでも放り込む

Dropboxフォルダなど

データを一元管理するための5つのコツ 02

3 フォルダを細かく分けすぎない

ＰＣに入っているデータを細かくフォルダに分けて、さらにサブフォルダを何階層もつくっている人がいます。見栄えは美しく、また他の人が操作する際にも見やすいのですが、私は、あまり細かいフォルダ分けはしていません。

理由は２つ。まずフォルダが多すぎると、いかに秩序立っていても、次に探すときに「どこに何が入っていたっけ？」となって、手間がかかること。もうひとつは、新しいタスクを入力するときに、どのフォルダに入れるかに頭を使い、迷うことになるからです。

現在のＰＣは検索機能が優れているので、フォルダに関係なく、検索で拾ってくれます。ある程度おおざっぱな分類でフォルダをつくって、そこにデータを放り込んでおく――それで十分です。

4 ファイル名にルールをつくる

フォルダでの分類はおおざっぱである代わりに、ファイル名にはルールをつくって、きっちり管理するのがポイントです。

たとえば、いま執筆しているこの本の原稿のファイルをつくるとしましょう。そのときファイル名は、「１２０９２０仕組み仕事術図解パート３ディスカヴァー原稿」として、「出版関係」フォルダに保存します。

こうすると、まず「出版関係」フォルダの中で、時系列順にひと目で一覧できます。また、ＰＣ内で検索すれば「仕組み仕事術」「仕組み」「パート３」でも引っかかりますし、出版社名の「ディスカヴァー」でも見つけることができます。

このように、検索するであろう単語を入れたファイル名をつけて一度保存したら、あとはファイル名も、ファイルを入れた場所も、全部忘れてしまって大丈夫。「記憶力に頼る」必要がまったくなくなるのです。

皆さんも、自分が見やすく、検索しやすいようなルールをつくって、ファイル名をつけてください。

5 「その他」フォルダをつくる

フォルダを細かく分けすぎないようにすると、どのフォルダに入れればいいのかわからないものが出てきます。その場合は、新しいフォルダをつくるよりも、「その他」フォルダに入れておきます。

当面必要ではないけれど、捨てられないようなファイルも、みんなここに入れます。

一元管理のコツ3〜5

3 フォルダを細かく分けすぎない

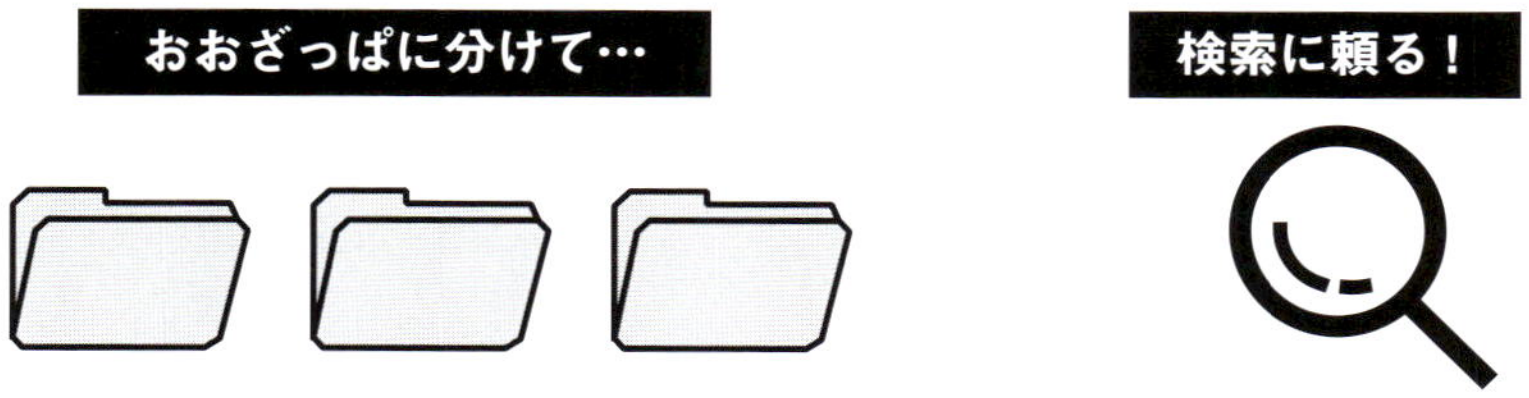
おおざっぱに分けて…
検索に頼る！

4 ファイル名にルールをつくる

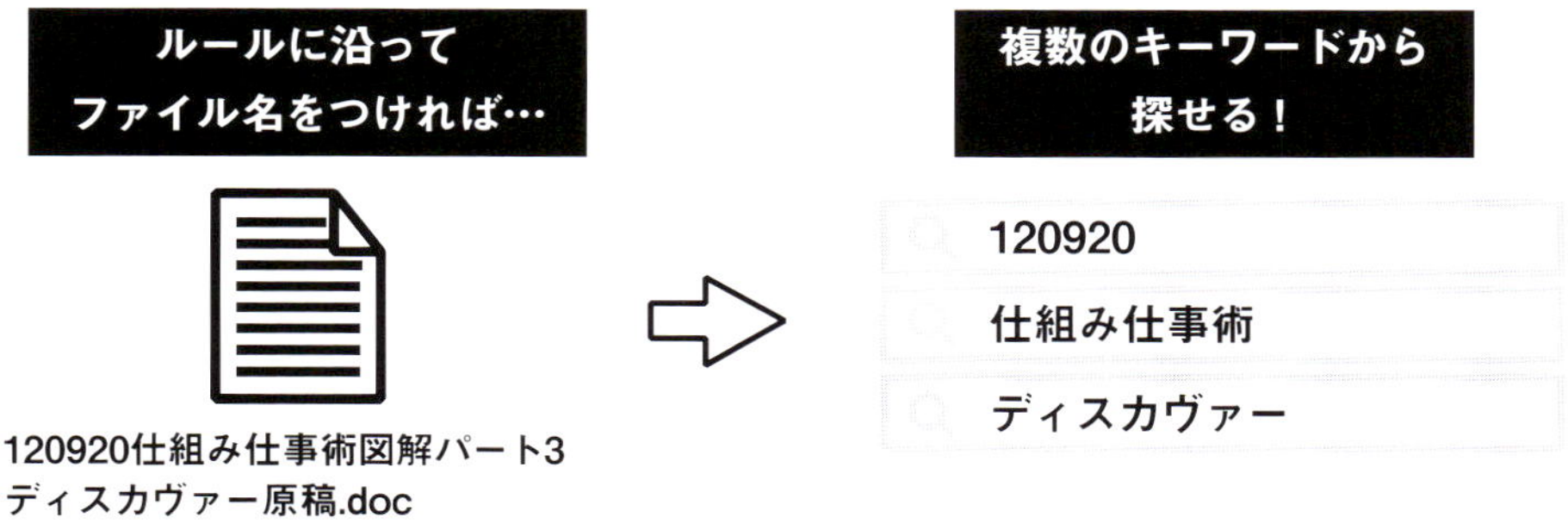
ルールに沿って
ファイル名をつければ…
120920仕組み仕事術図解パート3
ディスカヴァー原稿.doc
複数のキーワードから
探せる！
120920
仕組み仕事術
ディスカヴァー

5 「その他」フォルダをつくる

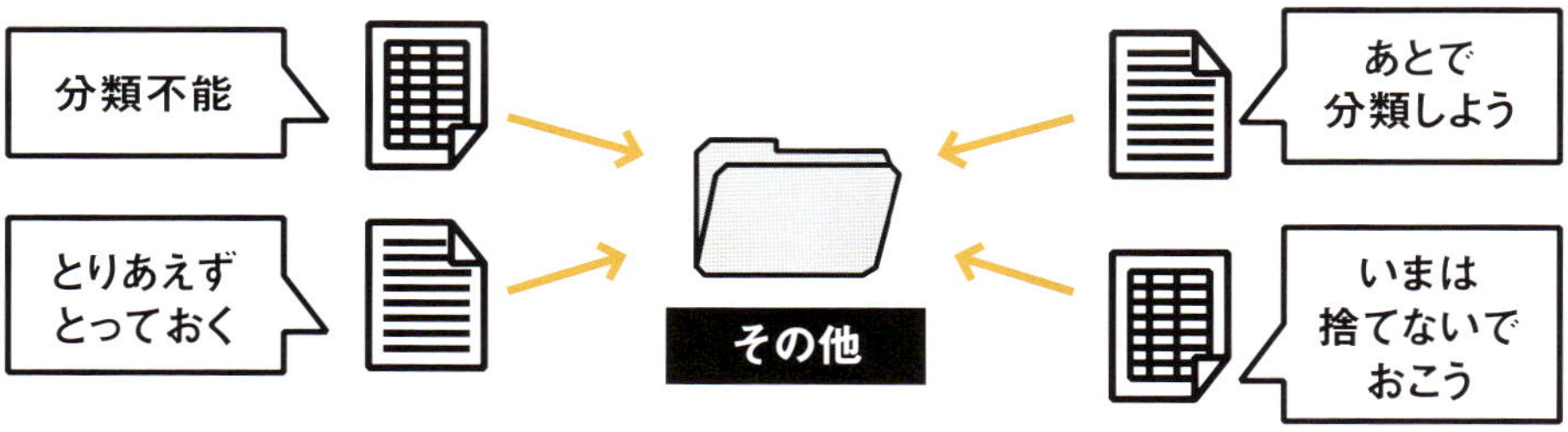
分類不能
とりあえず
とっておく
その他
あとで
分類しよう
いまは
捨てないで
おこう

POINT

一元管理のポイントは「記憶しないですむこと」
「毎日繰り返される『探す時間』をできるかぎり減らすこと」

TO DOリストで タスクを一元管理 03

メールソフトや オンラインの TO DOツールを活用

　ひとりで同時に多くの仕事をかかえ、同時並行でそれらを進めるのが当たり前になっています。

　そんななかでさまざまなタスクを管理するツールとして、私はＴＯ　ＤＯリストを活用しています。ＴＯ　ＤＯリストは、仕事の山に埋もれることなく、自分の日々の行動を「仕組み化」するのに、たいへん有効なツールです。

　市販の手帳の多くにＴＯ　ＤＯ記入欄がついていますし、ノートやメモ帳に自分で書いている人もいるでしょう。ＰＣやスマートフォンで管理する場合、さまざまな方法があります。

　まずマイクロソフトのアウトルックなどのメールソフトには、タスク管理機能が備わっています。また、サイボウズなどのグループウェアや、リメンバー・ザ・ミルクといったタスク管理専用のオンラインサービスもあります。グーグルカレンダーにもＴＯ　ＤＯリスト機能が備わっていますね。スマートフォンにもＴＯ　ＤＯアプリはたくさんあります。

　私は、タスク管理はアナログの手帳よりも、ＰＣやスマートフォンなどのデジタルツールを使うことをお勧めします。というのは、ＴＯ　ＤＯリストは（その人の仕事や環境にもよりますが）毎日や毎週、毎月定期的に行うルーチンワークを記入することが多いからです。アナログの手帳だと、毎回そのつど手書きで記入する時間と手間がかかってしまいます。その点、デジタルツールなら簡単にコピー＆ペーストできます。

　また、その日できなかった予定を翌日に繰り越す場合も、デジタルのツールなら、日付を変えるだけですみます。

　タスク管理ツールは、有料、無料のサービスも含めていろいろあります。私の場合、自社で開発したソフトを主に使っています。その特徴は、登録してあるタスクの期日がくると、メールで通知してくれることです。こうすることで、いつも開いているメール画面（Ｇメール）でも、タスクを確認できます。

　このようなリマインド（通知）機能はアウトルックやリメンバー・ザ・ミルク、スマートフォンのアプリでも利用可能です。また、グーグルカレンダーにも、予定をメールで通知してくれる機能が備わっています。

　どのようなツールでもいいので、皆さんは実際に使ってみて、いちばんしっくりくるものを探してみてください。

デジタルツールを使って TO DOリストを管理

TO DOリストをデジタル管理するメリット

- 繰り返しの予定（毎日、毎週、毎月、毎年など）を入力するのに便利
- 修正・削除がカンタンにできる
- 締切日順にタスクの並べ替えができる
- リマインド（通知）機能がある
- 履歴（過去のタスク）も閲覧できる

etc.

TO DOツールのいろいろ

ジャンル	名称	URL
メールソフト	Outlook	http://office.microsoft.com/ja-jp/outlook/
オンラインサービス	Remember The Milk	http://www.rememberthemilk.com/
	Toodledo	http://www.toodledo.com/
	check*pad	http://www.checkpad.jp/
	Google Tasks	https://mail.google.com/
スマートフォンアプリ	Wunderlist	http://www.6wunderkinder.com/wunderlist/
	gTasks	
	GoTasks	

TO DOリストで タスクを一元管理 03

とにかく、なんでも迷わずにリストに入れる

私がＴＯ ＤＯリストをつくるうえでこだわっているのは、「とにかくなんでもリストに入れる」ということです。

書類の作成、アポイント、出入金管理のような定番的、定例的な項目から、名刺の整理、ＷＥＢのチェックといった細かい項目まで。ある日鞄の中にペンを入れ忘れたことに気づいたら、すぐにその日の項目に「ペンを鞄に入れる」と入れます。このように、気になることや思いついたことがあれば、迷わずリストに加えます。

「作業系」の項目だけではありません。「プロジェクト管理の仕組みづくりを考える」のように「思考系」の項目まで、あらゆるＴＯ ＤＯをリストに入れています。

今度読んでみたい本もＴＯ ＤＯリストに入れる対象です。たとえば誰かと打ち合わせをしているときに、「こんな本を読んで面白かった」という話を聞いたとします。そんなときは、スマートフォンを使って自分宛てにメールを送るようにしています。メールボックスに入っていれば、自分が忘れていても、検索したり見直したりすれば、すぐに思い出すことができます。

また、ふとした思いつきやメモ、ビジネスアイディアもＴＯ ＤＯリストで管理しています。たとえば数年前に米国のスーパーマーケットで「ギフトカード」を見つけました。これはマクドナルドやスターバックスなどで使えるプリペイドカードのようなもので、米国では記念品のプレゼントなどに使われているものでした。私は日本でもいずれ流行するだろうと直感したものの、その時点では時期尚早に思えました。

しかし思いついたビジネスアイディアを忘れないために、まず見つけたその場から自分宛てにメールで送り、それを毎月10日にリマインド機能で表示されるよう管理しています。

私はこういったビジネスアイディアをつねに50以上持っており、時機がきたときにすぐに実行できるように準備しています。

個人的なタスクだけではなく、会社で使っているマニュアルや、スタッフに守ってほしいルールなどもＴＯ ＤＯリストに入れています。それを「毎週月曜日」「毎月1日」などの決まった期日に、メールで全員に配信されるようにしています。大事なことを徹底してもらうための「仕組み」というわけです。

なんでもリストに入れる。
定期的なTO DOはリマインダーを活用

気になること、思いついたことなどなんでも「TO DOリスト」へ

□ アポイント
□ 書類の作成
□ 読みたい本
□ 名刺の整理
□ 出入金の予定
□ ○○サイトのチェック
TO DO

リマインド機能を活用

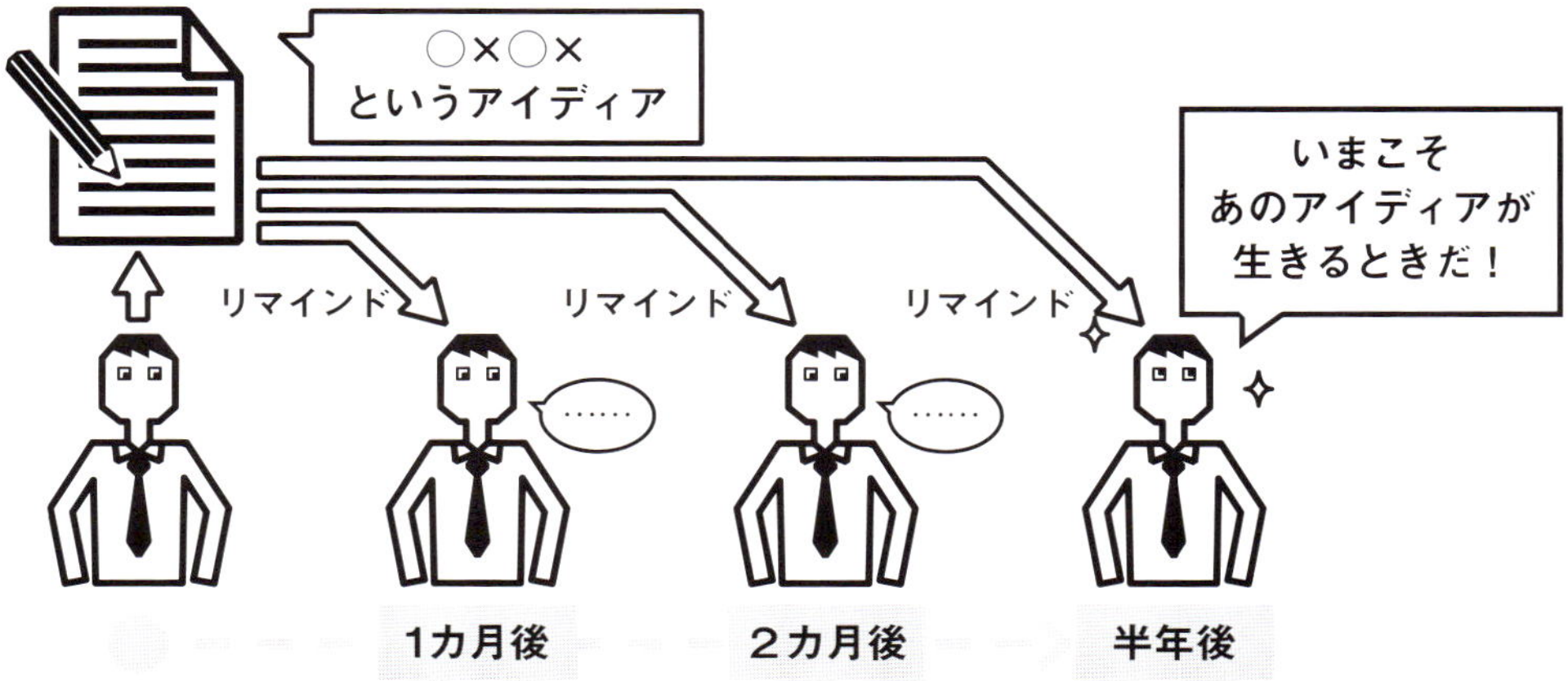
○×○×
というアイディア
リマインド
リマインド
リマインド
いまこそ
あのアイディアが
生きるときだ！
……
……
1カ月後
2カ月後
半年後

POINT

TO DOツールで便利なのは、リマインド（通知）機能。
期日を知らせたり、定期的に思い出したりするために使う！

04 あらゆるタスクをTO DOリストに入れる

目標管理やモチベーション維持も「仕組み化」できる

私は、「作業系」「思考系」以外にも、あらゆるタスクをＴＯ ＤＯ管理しています。

1 毎日、毎月行うこと

スケジューラソフトやオンラインサービスなどを利用して、毎日、毎月行うこと（ルーチンワークなど）はＴＯ ＤＯリストに入れて、毎日あるいは毎月、表示させます。ＴＯ ＤＯの項に【 】があるものは、基本的に毎週○曜日にやることや、毎月×日に行うことです。タスク管理ツールでは、その作業が終わるときにチェックを入れておくことで、すぐ自動的に翌週に期限設定される機能があるものもあり、とても便利です。

2 長期的な予定

「歯医者に行く」「定期検診」「年賀状の準備」など、半年後や1年後にしようと思っていることや年1回のタスクも項目に入れます。入れておくことで、安心して記憶から消すことができるのです。

3 会社経営に関する数字

売上げ目標、資金管理のような経営に関係する数字も、ＴＯ ＤＯリストで管理できます。たとえば、「今月の目標は1億円！」という項目を作成し、毎週、表示されるようにします。それにより、自分の潜在意識に数字を植えつけてしまうのです。

4 時期が決まっていないもの

青山のレストラン○×がおいしかったという話を聞いたら、さっそく「青山のレストラン○×に行く」という項目を入れて、週一度、または月一度のペースでリマインドします。すると、いざ会食の場所を探す機会に、「あそこに行こう！」となるわけです。

また「弁護士を探す」のように、急ぎではないが継続的に気に留めておくようなことも項目として入れておき、定期的にリマインドします。「きのう参加したパーティーに有能そうな弁護士がいたな。連絡をとってみよう」と結びつくこともあるのです。

5 目標や元気の出るフレーズ

「年の3分の1はハワイに住む！」のような大きな目標や、会社・チームで決めた目標、本を読んで気に入った名言、元気の出るフレーズを入れることもあります。これらを毎朝、あるいは週に一度でも目にするようにしておけば、モチベーションの維持も「仕組み化」できるのです。

目標管理やモチベーションも TO DOで「仕組み化」

✓	内容	期限日
☐	【毎日】英語文法、一日5つずつ暗記すること【必須!】	
☐	○○へ提案書を提出	
☐	○○さんへ、チェックリストを送る	
☐	○○さんとのディナーの場所を決める	
☐	○○さんとのディナーの場所決定後、連絡する	
☐	○○から○○へ資金移動	
☐	○○、明け渡し完了しているので、リフォーム依頼する	
☐	【月】JFA／経営戦略スケジュール、チェックをして行うこと	
☐	【月】弁護士を探す。紹介を受ける・周りに聞く。	
☐	【月】執行役員会で、四半期の売上予測を確認	
☐	【月】仕組み術本出版企画の進捗確認	
☐	【月】プロジェクト管理の仕組み作りを考える	
☐	【月】2008年の目標管理	
☐	【月】○○銀行WEB記帳する	
☐	【水】ゴルフの練習をする	
☐	【水】○○さんにサーフィン教える、週末の予定&波良ければ連絡	
☐	【木】仕事リストを印刷する	
☐	【入金確認】○○○からの入金、毎月10日・○○Bank	
☐	【入金確認】○○○からの入金、毎月15日・○○Bank	
☐	【金】googleアクセス分析をみる	
☐	【土】名刺の整理をする	
☐	【日】○○○マンションの売り物件を探す	
☐	【日】良かった本を知人にプレゼントする	
☐	【日】仕事依頼済の返信チェック。黄色分類	
☐	【1】○○社／○期売上目標○○○円	
☐	【1】○○○ファンドの価格確認する	

急ぎではないが、継続的に気に留めておくような項目

目標は、毎週PCで管理して、いつでも意識できるようにする（←【月】2008年の目標管理）

ルーチンワークは記憶しない（←【月】○○銀行WEB記帳する）

PCが壊れてもこのリストが残るように必ず週に一度プリントして紙で残しておく（←【木】仕事リストを印刷する）

定期的に探しているものを忘れないように（←【日】○○○マンションの売り物件を探す）

自分が他人に依頼した仕事を、自分で管理する。他人任せにしない（←【日】仕事依頼済の返信チェック。黄色分類）

✓	内容	期限日
☐	【1】記帳／○○銀行／○○銀行	
☐	【1】記帳WEB／○○銀行／○○銀行／○○銀行、エクセル保管	
☐	【1】PCデータバックアップ／外付けHDDへコピーする	
☐	【1】月末振り込み、エラーになっていないか確認	
☐	【5】源泉税納付	
☐	【5】○○○の会を開催（2カ月に1回）	
☐	【10】ファイナンシャルマガジンの最終発行確認	
☐	【10】AMEX／毎月10日・○○Bankより引落	
☐	【10】○○社／会計士へ書類送付	
☐	【20】JFA／インセンティブ計算する	
☐	【20】JFA／給与明細作成	
☐	【20】JFA／給与振り込み手続き	
☐	【25】○○社／月末送金手続き	
☐	【25】○○社／月末送金手続き	
☐	【25】○○社／月末送金手続き	
☐	【31】人事評価／JFAスタッフ全員	
☐	【31】現金チェック	
☐	【31】個人目標／年の1／3はハワイに住む!	
☐	運転免許証更新、誕生日の1カ月後まで	
☐	【納付】固定資産税4、6、7、9、12、2月末、金額確認	
☐	オイル交換をする（半年に一度）	
☐	誕生日／○○○○さん×月×日	
☐	JFA／正月休みを決める（毎年10月）	
☐	花粉症の予防接種をする（毎年1月）	
☐	人間ドックに行く（毎年6月）	
☐	パスポートの更新期限／更新手続きをする（2010年10月）	

毎月日付で決まっているものは、頭に日付を入れて管理（←【10】ファイナンシャルマガジンの最終発行確認）

数年後の期限もチェックリストに入れておく（←パスポートの更新期限／更新手続きをする（2010年10月））

目標や元気の出るフレーズを、いつも目につくように

■今月の売上目標○億円
■年の3分の1はハワイに住む!
よ〜し今月も
がんばるぞ!

POINT

どんなことでもTO DOリストに入れておけば、記憶しておく必要がなくなる！

楽なタスクから先に、一気に片づける

05

優先順位をつけずに、思考や判断をはさまないで処理

私の1日の仕事は、毎朝PCを開くところから始まります。

PCを起動させると、まずTO DOリストを開き、その日1日のやるべきことを確認します。

リストには、すぐにできる確認事項からルーチンで定期的にやってくる仕事、「作業系」タスク、「思考系」タスク、今年の目標、あるいは気に留めておきたいメモまで。すべて合わせると、私のTO DOリストには約500の項目が並んでいます。

そのうち1日に上がってくるリストは、日にもよりますが、30～40くらいの項目が並んでいます。

私の場合、まずリスト全体を見渡して、じゃあこれをやって、あれをやってと、楽にできそうな「作業系」タスクから順番に、どんどん片づけていきます。

たとえば朝の次の予定までに1時間あるようでしたら、1時間でこの5つはできるだろうとイメージして、あとはただひたすら、工場の機械のように仕事を処理していくことに集中します。

すぐにできるわけではない「思考系」タスクは、この時点ではとりあえず手をつけずに置いておきます。**まずは「作業系」タスクを、とにかく考えずに処理していくことが必要です。**

TO DOリストは、仕事を効率的に進めるための「仕組み」ですから、そこに「面倒くさい」「やりたくない」といった感情や「意志の力」を介在させないようにします。思考や判断の余地をさしはさまずに処理していくことがポイントです。

TO DOリストの項目に、優先度の高い順にA、B、Cとランクづけをしたり、重要度や緊急度で分類するやり方もあるようですが、私の場合は、そういったことは一切やりません。「優先順位はどっちが高いかな……」などと判断の余地を入れると、私の場合、仕事の処理スピードはガクッと下がってしまうからです。

あくまでも「頭を使わない」のがキモです。

1日かかっていた仕事が2時間で終わる

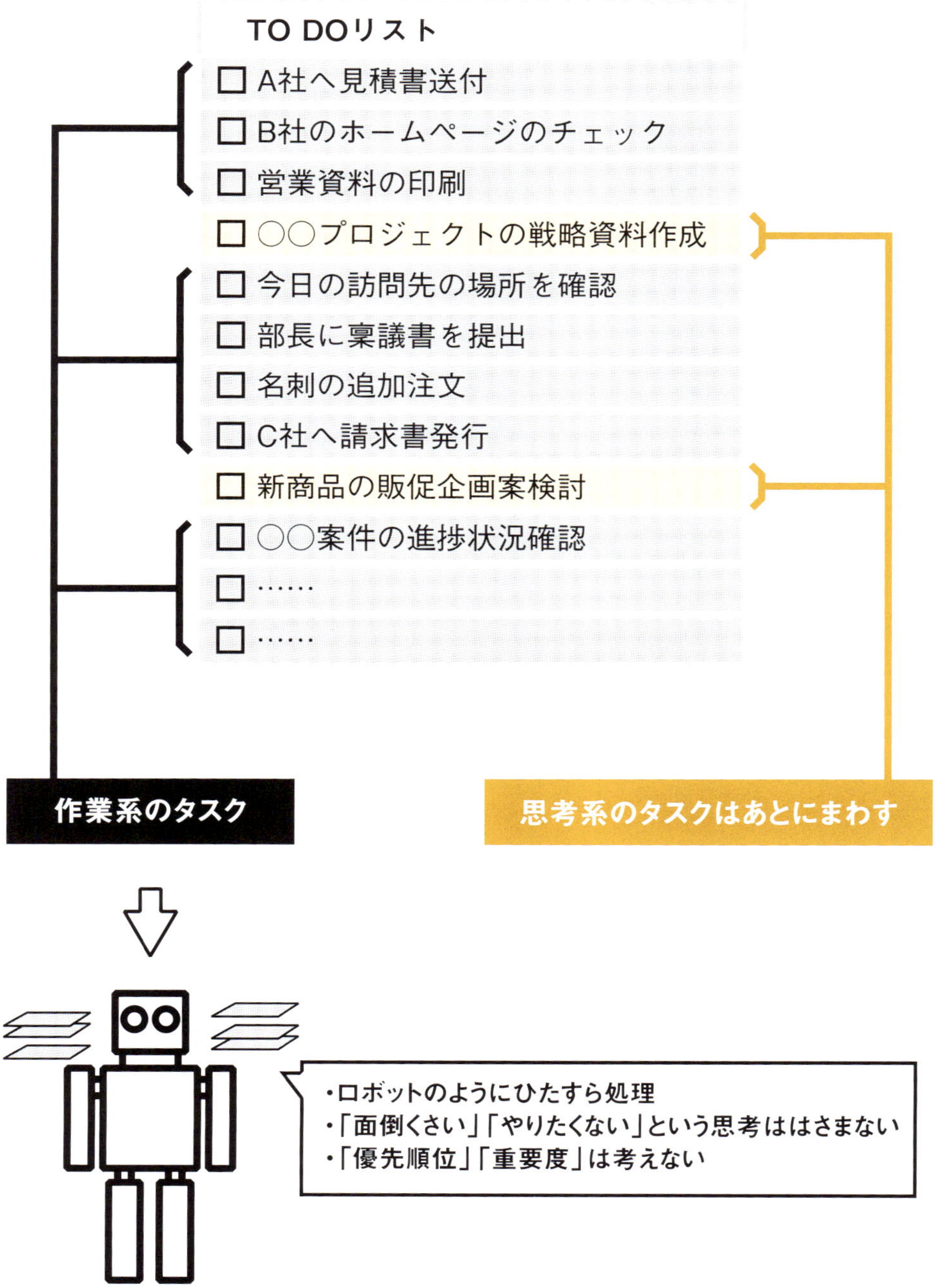
TO DOリスト
□ A社へ見積書送付
□ B社のホームページのチェック
□ 営業資料の印刷
□ ○○プロジェクトの戦略資料作成
□ 今日の訪問先の場所を確認
□ 部長に稟議書を提出
□ 名刺の追加注文
□ C社へ請求書発行
□ 新商品の販促企画案検討
□ ○○案件の進捗状況確認
□ ……
□ ……
作業系のタスク
思考系のタスクはあとにまわす
・ロボットのようにひたすら処理
・「面倒くさい」「やりたくない」という思考ははさまない
・「優先順位」「重要度」は考えない

楽なタスクから先に、一気に片づける

05

「作業系」のタスクはすべて朝のうちに終わらせる

重要度や優先順位を考えず、楽なタスクから順に、考えずに処理していくという方法は、「すきま時間」の活用においても役に立ちます。

たとえば来客の前に5分の空き時間ができたとき、あるいはミーティングがキャンセルとなり1時間の空白ができたときなど、このTO DOリストを見て、5分でできる簡単な仕事や、1時間かかる仕事などを適宜ピックアップし、処理していけばいいのです。

仕事を選択する判断基準は、「重要度」ではなく「処理時間」なのです。

このやり方に慣れれば、「作業系」タスクは、それまでだらだらと何時間もかけてやっていたのは何だったのかというくらい、驚くほどスムーズに処理できるようになります。

もちろんその人の業務量にもよるでしょうが、私の場合、その日の「作業系」タスクは、相手があるような仕事を除き、だいたい早朝の1、2時間で終わってしまいます。かつては夜中までかかっても片づかなかった仕事が、です。

早朝をお勧めする理由は、それがいちばん集中して作業に取り組める時間だからです。早朝でないと、電話やメールが入ったり、いきなり誰かから話しかけられたりなどの邪魔が入ってきますから、作業がそのつど中断されてしまいます。いったん切れた集中力を取り戻すのには、時間がかかります。そうしたタイムロスをできるかぎりなくすことが大事です。

早朝であれば、そうした邪魔はほとんど入りませんから、自然と集中力も高まり、気分も冴えたなかで仕事を進めることができるのです。

こうやって、たとえば朝の1時間のあいだに30個のTO DOを片づけられたりすると、仕事をするのが楽しくなってきます。

このように仕事をきっちり完了させていく気持ち良さを毎朝味わうことを習慣づけることも、ひとつの「仕組み化」といえます。

「思考系」タスクは早朝に終わらせる

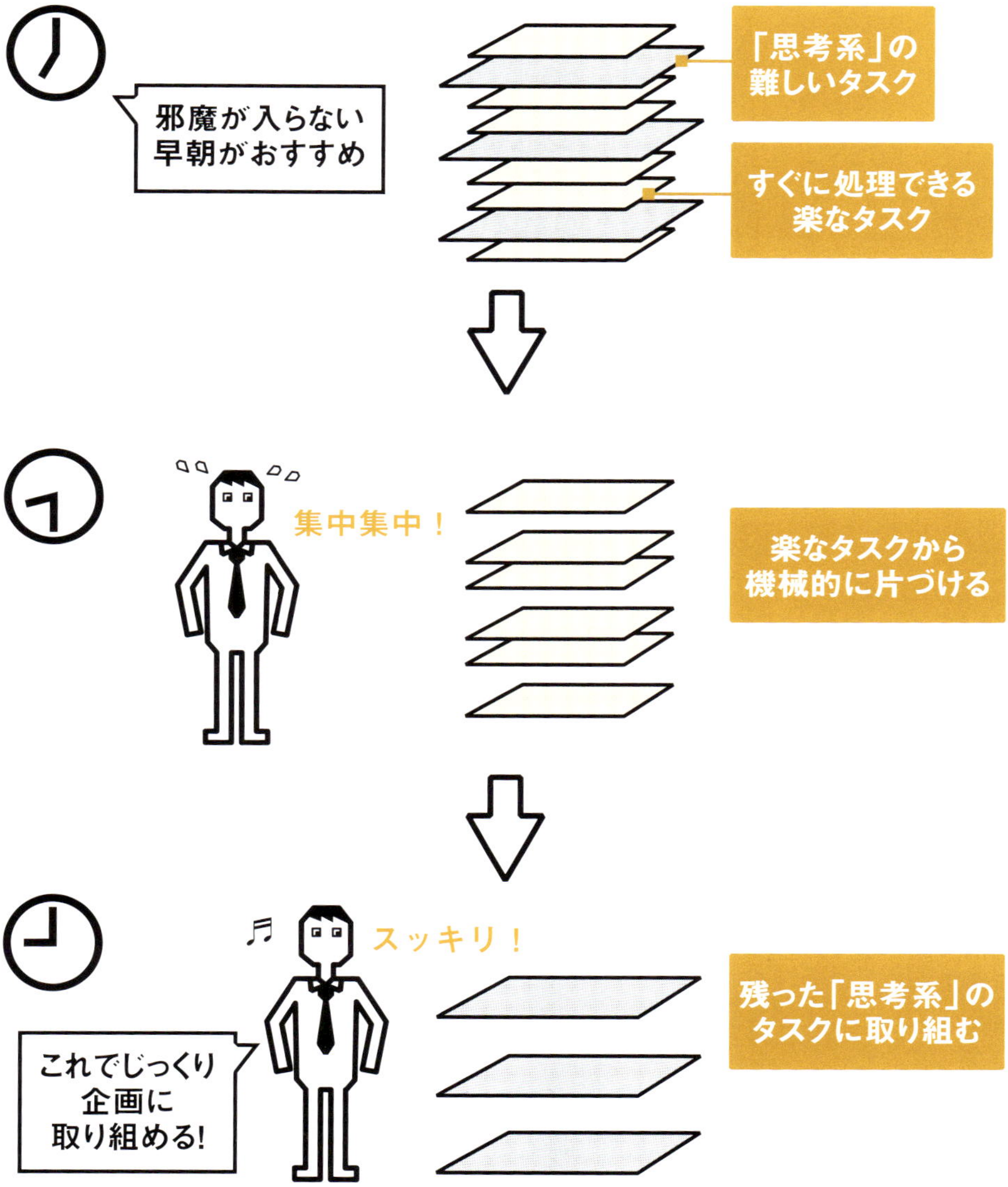
邪魔が入らない
早朝がおすすめ
「思考系」の
難しいタスク
すぐに処理できる
楽なタスク
集中集中！
楽なタスクから
機械的に片づける
スッキリ！
これでじっくり
企画に
取り組める!
残った「思考系」の
タスクに取り組む

POINT

「作業系」タスクを先に処理することで達成感を味わい、
爽快な気分で、「思考系」タスクに取り組める！

良いアイディアはTO DOリストから 06

「思考系」は定期的にリマインドして、潜在脳に植えつける

「思考系」タスクの難しいところは、いくら時間を費やしても、そこで必ず良いアイディアが生まれ、クリエイティブに案件が解決するとはかぎらないことです。

何時間かけて頭をひねっても、知恵が出てこないときは本当に出てこない。逆にパッとひらめいたら、その勢いでどんどん良いアイディアが出てきたりします。

私は、その良いアイディアが出る瞬間をつねに待っています。しかし、そのことが頭にない状態では、出てくるアイディアも出てきません。そこで私は**「思考系」タスクをTO DOリストに入れて、毎週月曜日、毎月○日というような周期で、定期的に認識**するようにしています。自分にリマインドするわけです。

たとえば「A社の○○戦略について考える」というタスクだったら、毎週月曜日になると、このタスクがPC上に表示されるので、少なくとも毎週月曜は、一日中、A社の○○戦略のことが頭の中に残っています。そして、たとえば食事中や電車で移動中などに、このことを考えます。

そこで何かアイディアが出てきたら、すぐにそれをメモするなどして、一気に発想を広げていくわけです。残念ながら良いアイディアが出てこなかったら、そのまま深追いせずに、翌週の月曜に再度考えることにします。

■タスクが終わらなかったら

さて、これまで紹介したようなやり方を習得すれば、タスクのほとんどは午前中に処理できるようになります。それでも片づかないタスクがあったら、それはタスク自体に問題があると考えましょう。問題には2種類あります。

①タスクが抽象的あるいは複雑であるため、手がつかない、途中で止まってしまう

②そのタスクをやる気がない

①の場合は、タスクを見直して、より具体的な行動に細分化するといいでしょう（左図）。②の場合は、今はそのタスクをやる時期ではなかったということです。あきらめてスパッと消してしまいましょう。消すか否かで悩んだり、消すことに罪悪感を持ったりする必要はありません。やっぱり必要になったら、そこでもう一度リストに入れればいいのです。

「感情を入れない」。それが効率的に仕事を片づける最大のポイントです。

抽象的なタスクを、具体的な行動に細分化する

例1）

「仕組み仕事術」本の企画を考える

タスクが抽象的で
手をつけにくい

→ 会社で使っているチェックシートを全部プリントアウトする
→ J書店で類書を調査する
→ ●●さんにヒアリングする
→ 目次案をつくる

細かい手順に細分化する

例2）

通帳記入を行う

面倒くさくて
なかなかできない。
どこまでやったか
わからなくなる

→ A銀行の通帳記入
→ B銀行の通帳記入
→ C銀行の通帳記入
⋮

POINT

大きいタスクはそのままでは手をつけにくい。
具体的に、すぐに取りかかれる状態まで細分化して、
ひとつひとつクリアしていく！

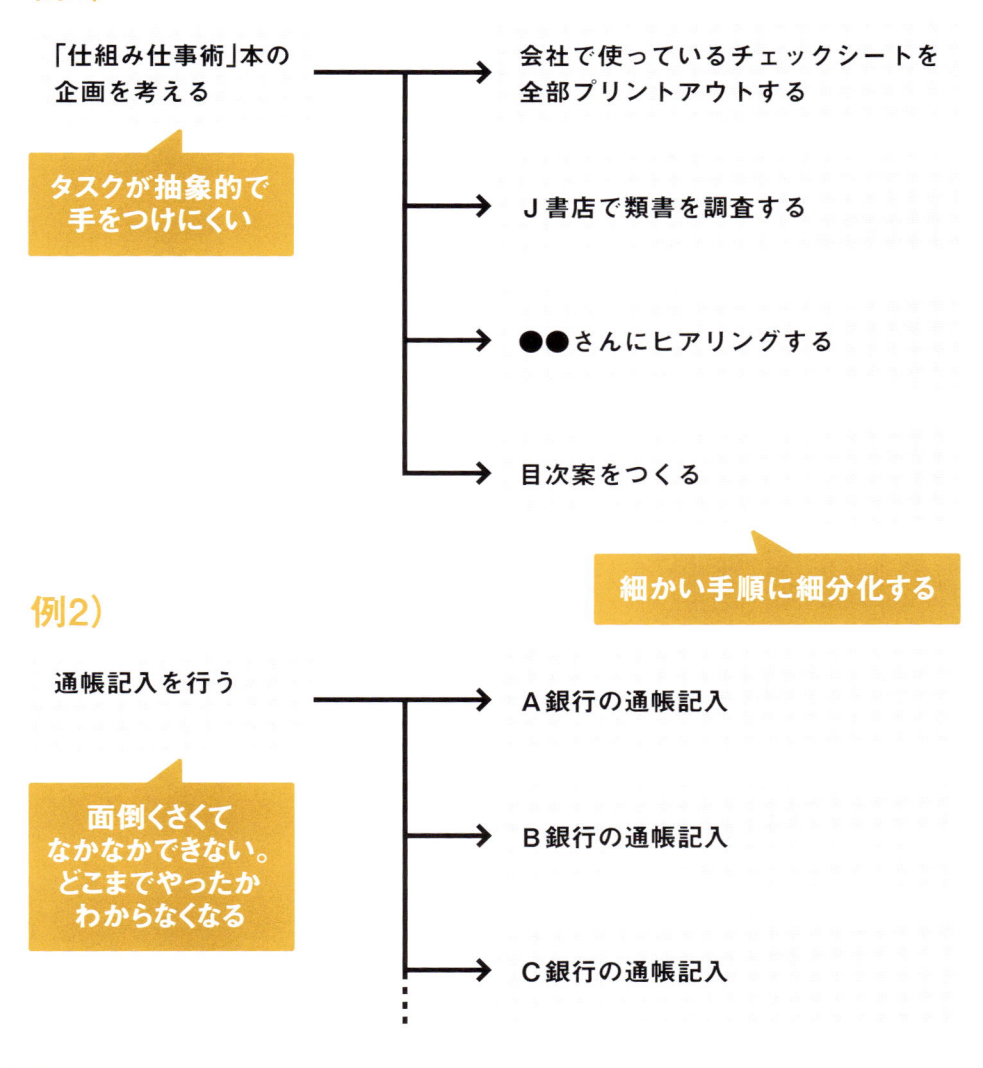

メール処理に「仕組み」をつくる 07

仕事効率化のキモはメール処理にあり

私が行っている5つのメール「仕組み」術をご紹介しましょう。この5つを行うだけで、絶え間なくやってくるメールの山に振りまわされずに、効率良く仕事ができるようになります。

ルール1 その場で返信する

メール処理にかかる時間は、

（1）受信メールを読む
（2）返信内容を考える
（3）返信内容を打つ

の3つに分けられます。

私は（1）に時間をかけたくないため、メールを読むのは必ず1回だけと決めています。そうすると、あとは（2）（3）だけですみます。どうしても「その場で返信」できないときは、メールにフラグを立てて、他の既読メールと分けておきます。そして時間ができたときに、フラグメールを一気に返信するのです。

ただしその場合、一度読んだ文章を再度読むので時間のロスが生じます。できるかぎり読んだその場で返信する「仕組み」を守ることが大事です。

ルール2 5秒以上、判断に時間をかけない

私はメールを読んだあと、返信内容を考える時間は5秒以内と決めています。ほとんどの場合は、そのときに自分が持っている判断材料と照らし合わせて、それに沿った返事をするだけですから、5秒もあれば十分です。判断材料が足りなければ、その旨を相手に伝えて、判断を保留にしても構いません。とにかく、未完了のまま何日もメールを放置することはやってはいけません。

また、丁寧な文章を書こうとして時間がかかってしまう、というのもよくあるパターンです。私の会社では、社内メールの場合、文章をシンプルにし、結論だけを書くようにというルールをつくっています。こうすることで、シンプルに結論を考える習慣もつけることができます。

ルール3 文章は20行以内にまとめる

メールソフトでスクロールせずに一画面で閲覧できる行数は、20〜30行程度。メールの行数を一画面で読みきれるようにすれば、読む相手はスクロールする時間と労力を削減できます。そのため社内のメーリングリストなど回答の必要がないメールに関しては、1通2〜3秒程度で読める「仕組み」になっています。

効率的な
メール処理の流れ

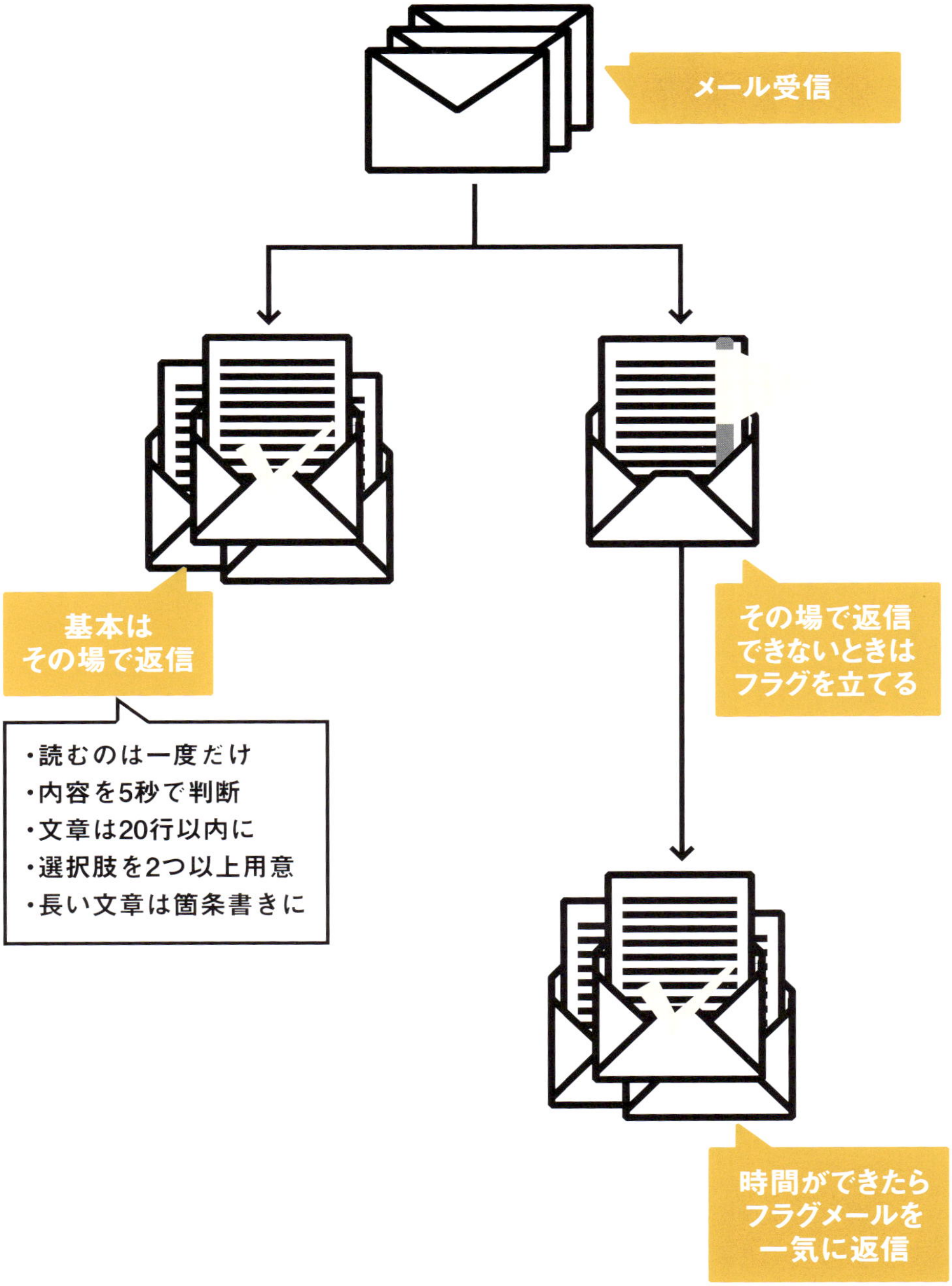
メール受信
基本は
その場で返信
・読むのは一度だけ
・内容を5秒で判断
・文章は20行以内に
・選択肢を2つ以上用意
・長い文章は箇条書きに
その場で返信
できないときは
フラグを立てる
時間ができたら
フラグメールを
一気に返信

メール処理に「仕組み」をつくる 07

ルール4 選択肢を2つ以上用意する

私はメールの回数を減らすために、なるべく一度の回答ですむようなメールの書き方をします。たとえば日程調整であれば、

・3月10日（月）15時～
・3月11日（火）10時～
・3月14日（金）15時～

と複数から選択できるかたちで送ります。こうすれば一度で回答ができるうえ、相手の考える時間も節約することができます。

たまに長い文章になるメールもあります。そのようなときは、箇条書きにするといいでしょう。

左のページをご覧ください。こうすると誰もがすぐにメールの内容を理解でき、読む時間も書く時間も、判断する時間も削減できるのです。そして、その後の返信メールもシンプルな書式で戻ってくるため、二重の効果があります。

ルール5 24時間ルール

小社では、スタッフ全員がいつでも企画や改善について提案でき、それを実行につなげるための「仕組み」をつくっています。そのひとつが「24時間ルール」です。

それが誰のものであれ、提案内容は全スタッフにメールで流れるようにしておき、それに対して**24時間以内に拒否や他の意見がなければ、自動的に「承認」**となるルールです。

このルールなら、稟議書を提出したり、上司のハンコを待ったりする時間は不要です。24時間ルールでは、ハンコがひとつもなければ「ゴー」。何かまずいことがあるとチェックが入り、ストップがかかりますが、それがないかぎりは自然に流れていくわけです。

人は、新たにアイディアや改善点を考えるよりも、他人の出したアイディアや企画を批判するほうが頭を使いません。その提案が良ければ、「それいいね！」「すぐやろう！」「○○ショップの店長は知り合いです」などと言えますし、良くなければ、「もうそれはやったことがあるけどダメだったよ」「それより××ショップの方がいいんじゃない？」という意見はすぐ出てくるのです。

24時間ルールをつくったことで、小社ではスタッフから提案されたアイディアがいくつも実行されるようになり、また、その提案に対する意見というかたちで、社内の議論が目に見えるように活性化しました。そして、社内の進化のスピードが一気に向上したのです。

長いメール文章は箇条書きにする

×
長すぎて、相手が読む気にならないメール

いつもお世話になっております。

ご一緒させていただく予定のプロジェクトですが、
この企画のポイントは、新規顧客のためと、
○○のブランディングと、○○層のマーケティングです。

私が考えておりますこの企画の収入予測は○○円で、
その内訳として参加料で○○円、
協賛金として○○円となります。

一方で支出の方ですが
会場費に○○円、広告費に○○円、となりますので
合計○○円となる予定です。

また当社では、今までの経験から
新規顧客に配布するための資料作成を
行う予定でおります。

その他にも、マーケティング分析を行い、
貴社へご提供することが可能です。

また会場運営に関しましても、
当社の得意分野でありますため、
ぜひお任せいただければと存じます。

また、貴社にお願いしたい件がございます。
○○○ブランディングのためのプロジェクトを行うため、
こちらのプロジェクトの企画立案を
お願いできますでしょうか?
また、協賛企業へのコンタクトおよび営業活動、
貴社の○○の商品提供もお願いできましたら幸いです。
〜〜

◎
箇条書きにすることで、読む側の頭にすっと入ってくる

この企画のポイントは3つです。
・新規顧客獲得のため
・○○のブランディング
・○○層のマーケティング

この企画にかかる収入予測
・参加料　○○円
・協賛金　○○円
・計　　　○○円

この企画にかかるコスト予想
・会場費　○○円
・広告費　○○円
・計　　　○○円

当社で行うこと
・新規顧客に対する資料作成
・マーケティング分析
・会場運営

貴社にお願いしたいこと
・○○○ブランディングのための提案
・協賛企業へのコンタクト
・商品提供

POINT

メール処理になるべく時間をかけないように、自分なりにルールを設けよう！

COLUMN 4

管理ツールは日々変わる

「仕組み化」を行ううえで便利な管理ツールが世の中にたくさんあります。

パソコンソフトであったり、アプリであったり、チェックシートであったり、ノートだったり、クラウド化されていたり……さまざまな管理ツールがありますが、基本的にはいくつか使ってみて自分に合うものを探してみることをお勧めします。

仕事のやり方、業務の種類や細かさ、職場のインターネット環境、自分やまわりのスタッフのITスキルなどによって、良いものは異なります。

パソコンソフトを使うほうが良い仕事もありますし、ノートを使ってペンで書いて管理するのが向いている仕事もあります。細かくチェックするために、また、いつでもチェックできるように、スマートフォンのアプリで管理すると便利な仕事もあります。

私は昔、1台のパソコンだけを持ち仕事をしていたときは、マイクロソフト社のアウトルックというパソコンソフトとエクセルを使って「仕組み化」をしていました。当時はこれがとても便利で、メールとリマインダー機能とが一体化されており、TO DO管理の漏れがまったくなく、すばらしい「仕組み」をつくることができました。

しかし最近はデータのクラウド化が進み、複数のパソコンでも使えるようにしたり、スマートフォンでも見られるほうが便利になりました。会社でも自宅でも見ることができるような環境になりました。

インターネット環境とデバイスの変化により、その時代によって使うツールは変化して当然だと思います。

ただし注意すべき点が2つあります。

ひとつ目は、多くのツールを使いすぎると管理ができなくなる、ということ。つまり、ある業務はパソコンソフトで管理し、ある業務はスマートフォンアプリ、ある業務は手書き、ある業務は別なパソコンソフト、というような状態。できるかぎり少ないツールで管理するのが理想なので、ベストは1つ、多くても3つ以内の管理ツールにしぼりましょう。

2つ目は、2年以上は使い続けられるツールを使うこと。さまざまな変化はありますが、変更ばかりしていては、そのツールの管理のほうが大変になってきます。それでは困ってしまいますよね。

PART 5

「仕組み」仕事術が目指すもの

WHAT YOU CAN ACHIEVE BY SYSTEMIZING YOUR WORK

「仕組み」で考える人の“7つの習慣” 01

1 楽することにこだわる

「仕組み」仕事術の原点は、「面倒くさい」「やりたくない」。

しかしそこで、「やらない」ではなく「楽にやる」のがポイント。「面倒くさい」を「楽」に変えるために、自分の仕事に「仕組み」をつくるのです。

2 シンプルに考える

「仕組み」で考える人はつねに、その仕事の「ポイント」を考えます。打ち合わせ中、仕事中、いつでも。ポイントから外れていることは、考えません。

「その仕事を一番楽に、一番早くやるにはどうすればいいか」。そこから仕事を組み立てます。

3 記憶せずに、記録する

記憶力では、人間はPCには勝てません。それをわかっている人は「記憶」に頼らず、その代わりメモや議事録など、「記録」を残すことを欠かしません。

そして、自分の頭は、「考えること」だけに使います。

4 わからないことは聞く

自分より優秀な人間から、どんどん学びます。自分に専門能力は不要です。そしてわからないことは、恥ずかしがらずに経験者に聞きましょう。

5 自分の仕事を時給で判断する

誰にでも平等なものは、お金ではなく時間です。時間をいかに効率良く使うかで、成果が変わってきます。自分が1時間仕事をしたら、いくらかかるでしょうか。3千円？ 1万円？ まず自分の時間単価を知り、それで判断します。もし自分がやるより他人を雇うほうが効率的なら、自分では一切やらないことです。

6 うまくいっている人の真似をする

ひとりの人間の能力や考えなんて知れています。それより、成功者の真似をしたほうが絶対速い。とにかく真似をして、それを吸収したら、それが自分の能力になる。

ただ、それを繰り返す。そこにプライドは一切不要です。

7 自分を「型」にはめる

世の中は、自分がつくった「仕組み」で動くか、他人がつくった「仕組み」で動くか、そのどちらかです。自分でつくらなければ、一生、他人がつくった「仕組み」にコントロールされて生きることになります。

自分を動かすルールは、自分でつくるのです。

「仕組み」で考える人はこうしている

1
楽することに
こだわる

2
シンプルに
考える

3
記憶せずに、記録する

記憶力が必要なことは
できるだけＰＣに頼る

4
わからない
ことは聞く

5
自分の仕事を時給で判断する

自分の時給＝
年収÷年間実働日数÷1日の労働時間

▼

**時給を基準に
自分がやるべき仕事か
判断する**

6
うまくいっている
人の真似をする

7
自分を
型にはめる

「仕組み」づくりは、まず書き出すことから　02

「仕組み化」によって、百倍の格差が生じる

「仕組み化」は、将来の自分の仕事や時間を買うようなものです。「仕組み」をつくること自体は、そのときは仕事をひとつ増やしてしまうわけですから、面倒であることは事実です。

しかし、「仕組み化」により仕事の効率を上げて、自分のための時間や「思考系」に費やす時間を増やすことで、新しい仕事も生み出せますし、新しい発想もできる。「仕組み」をつくることで、明るい将来がひらけてゆきます。

日本を代表する経営コンサルタントの大前研一さんは、『即戦力の磨き方』（ＰＨＰビジネス新書）で、こんなことを書かれています。

> **その人の生み出す付加価値によって、これからは百倍の格差が当たり前になる。**

高度な競争社会において、ちょっとした能力の向上や努力で得られる優位は、せいぜい2、3倍といったところでしょう。しかし、「考える」ことによって得られる「付加価値」は、とてつもなく大きいのです。

本書で紹介した「チェックシート」や「ＴＯ ＤＯリスト」の例は、あくまで私や私の会社のスタッフが使っているものです。皆さんはご自身の仕事や状況に応じて、アレンジしてご活用いただければと思います。このように、「リスト化して、あとはそれを機械的に処理していく」という方法は、世の中の仕事の多くに役立つものと思います。

自分の仕事をひとつひとつ書き出して、それをリストにしていくことは、「仕組み」づくりの第一歩です。もし、あなたが今まで目の前の仕事にあくせくとする生活ばかり続いているとしたら……ぜひ、ここから始めてみてください。

また、「仕組み」というのは、一度つくればそれで完璧、ということはありません。時代や状況の変化とともに、仕事に求められる内容や優先順位も、そのつど変わってきます。そうした変化とともに、「仕組み」もつねにアップデートし、より使いやすいものに磨きあげていく必要があります。

しかし、仕事に振りまわされる日常を脱却して、「仕組み」を使いこなし自律的に仕事と向き合うようになっている皆さんにとっては、その作業もまた楽しいものに感じられるのではないでしょうか。

「仕組み」によって格差が生まれる

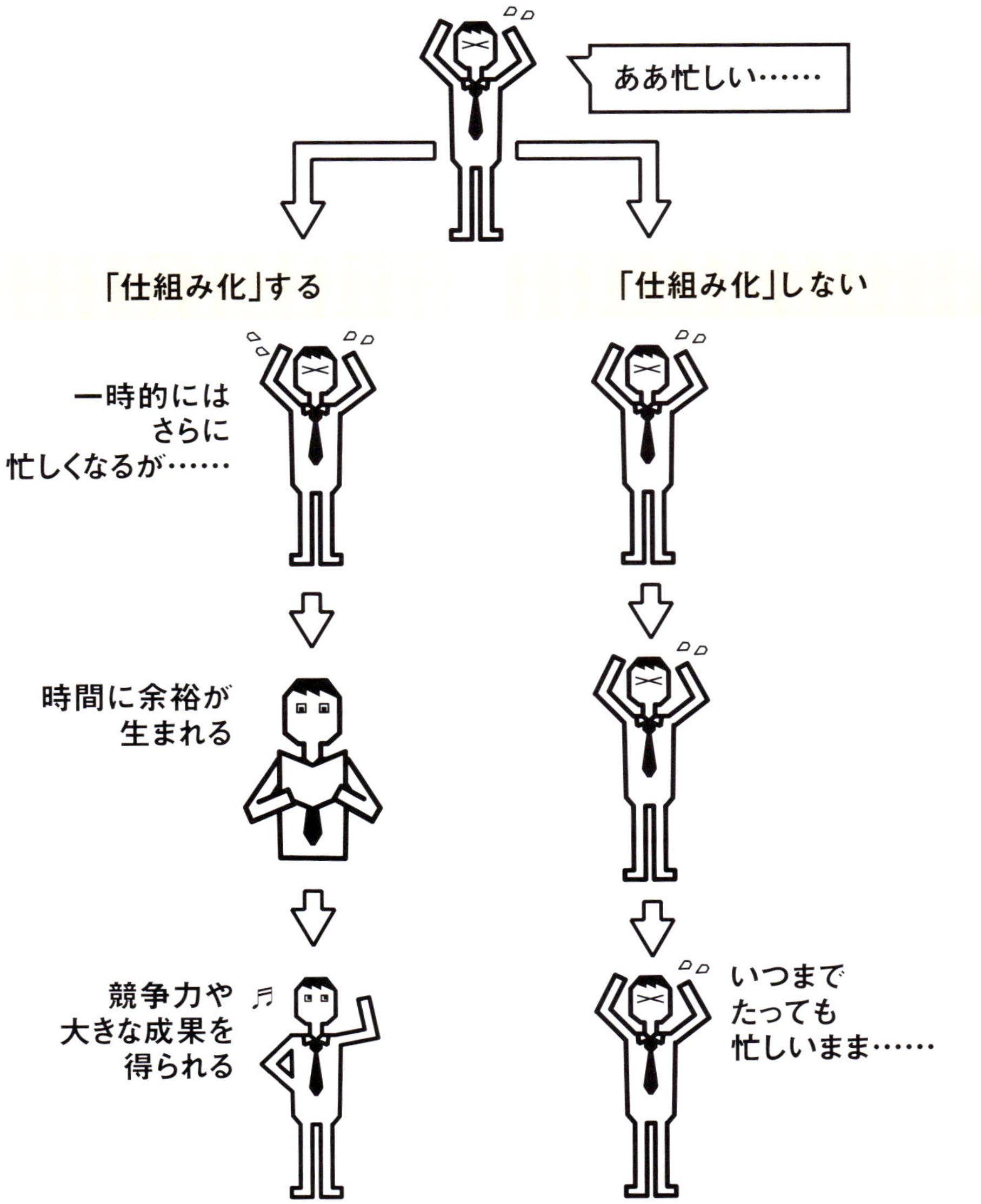
ああ忙しい……
「仕組み化」する
「仕組み化」しない
一時的には
さらに
忙しくなるが……
時間に余裕が
生まれる
競争力や
大きな成果を
得られる
いつまで
たっても
忙しいまま……

POINT

競争優位を手に入れるために、
すぐに「仕組み化」に取りかかろう！

「仕組み化」すれば誰でも結果が出せる 03

「仕組み化」すれば仕事は一気に楽になりストレスも軽くなる

「仕組み」がうまく機能すれば、仕事は確実に楽になります。

まず、**「うっかり忘れ」がなくなります。**必要なことや覚えておくべきことはすべてTO DOリストの中に入っていますから、それを見さえすればいいからです。

そして、「ああ、あれもこれもやらなきゃ」という**あせりやストレスから解放されます。**やるべきことは、リストですべて確認できるからです。そのリストにあるタスクを処理すれば、今日の仕事はおしまい。もしその日に終わらなかったら、次の日に繰り越す。何度か繰り返しても手がつかないようなら、そのタスクを見直すか、やらない。それだけです。頭の中はいつもすっきりしています。

行きすぎた精神主義からも脱却できます。モチベーションの有無にかかわらず、やるべきことを「仕組み」に従って淡々とこなしていくだけですむからです。夢や目標のリマインド効果を利用することで、モチベーションについても自分でコントロールできるようになります。

また、**能力や感性に頼らなくても確実に結果を出せるようになる**のも「仕組み化」の効果です。

このように「仕組み化」によって、仕事は一気に楽になるでしょう。精神的な意味でも、ストレスが驚くほど軽減するはずです。

ただし「楽になること」は、あくまでも過程のひとつ。楽になってどうするか？……「仕組み化」によって捻出した時間を、より生産的なことに使うのです。

いま必要な「考えること」に時間をとることです。この目的意識さえしっかりしていれば、あなたは成功への道をまっすぐに歩んでいることになります。

最後に、お金の「仕組み化」についても触れておきましょう。

お金に関して効果的なのは、ルーチン化していくことです。たとえば月末に給料が入ったら、そのうちの2割は銀行に貯金して、1割は本を買う。そういった「仕組み化」を行い、半年、1年などと期間を決めて、ひたすら続けます。そうすれば、どんな人でも、嫌でも結果が出ます。

ずいぶん地道なことをやっていると思われるかもしれません。しかし、**「継続は力なり」**。当たり前のことを、当たり前に継続するだけで、誰でも結果を出すことができます。お金も、仕事も、同じことだと思います。続ければ、結果は出せるのです。

「仕組み化」が機能するとどうなる?

自分の仕事を「仕組み化」することで…

↓

- 「うっかり忘れ」がなくなる
- あせりやストレスから解放される
- 根性や気合いに頼らず、「やる気」をコントロールできるようになる
- 能力や感性に頼らず結果が出せる

↓

・仕事が一気に楽になる
・ストレスが起こらなくなる

↓

より生産的なことに時間を使える

POINT

「仕組み化」することで、さまざまなメリットが生まれ、
仕事が楽になる。ただし楽になるのが目的ではない。
捻出した時間は、生産的なことに使おう！

巻末付録

実践！「仕組み化」ワーク

本章編集協力：
天野伴

ここまで読んでいただきまして、

本当にありがとうございました。

本書をお読みいただいたことで、

「仕組み」の効果やその良さをご理解いただけたかと思います。

しかし、“読んで終わり”にしてしまっては、

本を買ったお金も、本を読んだ時間も、もったいない!

そこで、せっかく「仕組み」の

基本やメリットを理解されたみなさんに、

最後に、「仕組み化」を実践するためのワークをご用意しました。

ぜひ、今すぐペンを手にとり、

あるいは携帯電話やスマートフォンのメモを開いて、

本書の内容を思いだしながら、

このワークを進めてみてください。

いずれも、すぐ、手軽にできるものばかり。

得た知識を定着させるのに最も効果的なタイミングは、

知識を入れたばかりで、やる気も最大になっている時。

つまり、本編を読まれた直後の、まさに“今”です。

「仕組み」の効果や良さを、

きっと、すぐにご体験いただけることでしょう。

チェックシートを作るための仕事の洗い出し 01

あなたの仕事で、すぐに仕組み化できそうなカンタンな仕事はなんでしょうか？
まずは、あなたの仕事を「作業系」と「思考系」に分けてみましょう。

プライベートでの行動でもOKです。

制限時間内に、「作業系」の仕事を、最低5個を目標に、洗い出してみてください。

例 バイク便の発送の手順、朝の支度、
会社での仕事の準備手順、月に一度の経費精算

制限時間：3分

あなたの仕事の中で、「作業系」の仕事は？

1. ____________
2. ____________
3. ____________
4. ____________
5. ____________
6. ____________
7. ____________
8. ____________
9. ____________
10. ____________

チェックシートを作ってみよう　02

続いて、実際に「チェックシート」を作ってみましょう。

今、洗い出した「作業系」の仕事の中から、まずは、"一番カンタンな仕事"を選んでみてください。

目安としては、「A4一枚のチェックシートで終わる仕事」です。

チェックシートを作るコツは、

> あなたが実際に行う手順で、
> あなたがその「作業系の仕事」をこなすときの行動を、
> その通りに、事細かにすべて書き出していく

ことです。

誰が見ても分かるレベルにまで落としこむことで、自分だけではなく、誰もが頭を使わずに、あなたの仕事を再現できます。

また、全く指示をしなくても、チェックシートを渡すだけで、あなた以外の誰でも、その作業を完璧にこなしてくれます。

まずは、カンタンな作業のチェックシートを作り、
ぜひ「仕組み化」の良さを体感してください。

制限時間：3分

チェックシート

✓	TO DO	詳細
□		
□		
□		
□		
□		
□		
□		
□		
□		
□		
□		
□		
□		
□		
□		
□		
□		

リストを作るための作業の洗い出し 03

「持ち物の一覧表」のように、リストに登録しておけば、毎回、わざわざ記憶をたどって思い出さなくても済みそうな作業を洗い出してみましょう。

制限時間内に、最低5個を目標に書き出してみてください。

例 出張時の持ち物、朝に家を出るときにすること、
セミナー準備時の作業、電話営業時に話す内容、
PCをセッティングする際の作業

制限時間：3分

リストにまとめておきたい作業は？

1.

2.

3.

4.

5.

6.

7.

8.

9.

10.

リストを作ってみよう 04

洗い出したものから、一番カンタンに作れそうな項目を1つ選び、そのリストの内容を埋めてみましょう。

コツは、必要なもの、そしてその個数を書き出していくだけです。

制限時間：3分

＿＿＿＿＿＿＿＿リスト

- □ 1.
- □ 2.
- □ 3.
- □ 4.
- □ 5.
- □ 6.
- □ 7.
- □ 8.
- □ 9.
- □ 10.
- □ 11.
- □ 12.
- □ 13.
- □ 14.
- □ 15.
- □ 16.
- □ 17.
- □ 18.
- □ 19.
- □ 20.

タスクを登録するための作業の洗い出し 05

タスクを管理するソフトなどに登録しておけば、毎回、その作業を行う日を忘れなくて済みそうな、定期的な作業や予定を洗い出してみましょう。

制限時間内に、最低10個を目標に書き出してみてください。

例 家賃の振込、年末調整の資料の提出日、ごみ捨ての日

制限時間：３分

タスクに登録したい行動

1.

2.

3.

4.

5.

6.

7.

8.

9.

10.

登録するタスクを テーマにしたがってさらに洗い出す 06

次は、以下の質問を参考に、タスクに登録できそうな項目をさらに書き出してみましょう。

ところで補足になりますが、タスクの「期限」だけを登録しても、実はタスクは使いこなせません。

たとえば、経費精算の提出の「期限」の日に、「経費精算の提出の期限日」というタスクが表示されても、実際の作業を忘れていた場合には対応できないからです。

そこで、「期限」をタスクに登録するとともに、

その期限までに「作業を始める日」
その期限までに「作業を行う日」

もあわせてタスクに登録すると効果的です。

制限時間：5分

タスクに登録しておくと便利な項目

毎月、定期的に行う仕事は？	
定期的な提出書類や経費精算の期限は？	
定期の更新期限は？	
定期的な会議や集まりは？	
忘れたくない誕生日は（友人、家族、同僚、お客さん）？	
家賃の振込や定期的な支払いは？	
免許やパスポートの更新期限月は？	
携帯電話やプロバイダの解約料がかからない年・月は？	
健康診断や人間ドック、花粉症等の予防注射は？	
歯医者やマッサージの予約は？	
ごみ捨ての日は？	
「欲しい物」や「将来の夢」など、定期的に考えたいことは？	
年賀状や暑中見舞いの準備を始める日は？	
忘れたくないプライベートの記念日は？	

ショートカットを設定して Gmailの操作も効率化 07

Gmailでは、「次のメールに進む」や「メールの削除」といったよく使う動作に、ショートカットを設定することかできます。

参考までに、おすすめのGmailのショートカットの設定例をご紹介します。

この設定をすると、左手だけで主要な操作ができ、とても快適です。

最初に少し時間と手間をかけてショートカットの設定をすることで、その後のメール作業の時間を大幅に短縮し、効率化することができます。

まさに、「最少の時間と労力で最大の成果を出す」ことができます。

なお、次のページに、このショートカットの登録手順のチェックシートを掲載しました。このチェックシートも参考にしつつ、ぜひ登録をしてみてください。

そして、チェックシートという仕組みの良さも、実感してみてください。

おすすめのショートカット登録例

キーボード:上段		キーボード:中段		キーボード:下段	
q	メールを検索	a	新しいスレッド	z	ショートカットキーのヘルプ
w	受信トレイを開く	s	前のメール	x	ゴミ箱に移動
e	スーパースターを回転させる	d	次のメール	c	作成
r	返信	f	古いスレッド	v	スレッドを開く
t	転送				
y	全員に返信				

参考　以下の手順は、Gmailのショートカットの一般的な登録手順です。
2013年2月末現在における作業手順であることをご了承ください。

以下の手順で登録できない場合や不明点・詳細につきましては、Gmailのヘルプ等にてご確認ください。

Gmailのショートカット登録 チェックシート

✓	TO DO	詳細
□	Gmail画面	Gmailを開く。
□	登録の事前設定	画面右上の「歯車」の記号をクリックし、「設定」をクリック。
□	登録の事前設定	「全般」タブの「キーボードショートカット：」をONにする。
□	登録の事前設定	画面上部の「Labs」タブをクリック。
□	登録の事前設定	「カスタム　キーボード　ショートカット」で「有効にする」を選択。この画面の一番下の「変更を保存」をクリック。
□	登録の事前設定	再度、画面右上の「歯車」の記号 ⇒ 「設定」をクリック。
□	登録の事前設定	画面上部の「キーボード ショートカット」タブをクリック。 ※表示されない場合は、もう一度最初からやり直す。
□	登録	以下を参考に、キーを登録する。 ※同じキーを設定すると、登録できないので注意する。 作成 ▶ c 作成して［Cc］欄を表示します ▶ 90 メールを検索 ▶ q 新しいスレッド ▶ a 古いスレッド ▶ f スレッドを選択 ▶ 91 スーパースターを回転させる ▶ e ラベルを削除 ▶ 92 ゴミ箱に移動 ▶ x 前のメール ▶ s 次のメール ▶ d 返信 ▶ r 全員に返信 ▶ y 転送 ▶ t チャットの連絡先を検索 ▶ 93 ［受信トレイ］を開く ▶ w 直前の操作を取消 ▶ 94 ショートカットキーのヘルプを開く ▶ z アーカイブ ▶ 95 ［移動］メニューを開く ▶ 96 スレッドを開く ▶ v Gmailに教える ▶ 97
□	登録	この画面の一番下の「変更を保存」をクリック。
□	登録	変更の保存ができているか、再度確認。 「設定」→「キーボード　ショートカット」タブ でチェック。 ※変更の保存ができていない場合は、空欄に「01」などの2桁の数値を入れると登録できることがある。
□	復習	「おすすめのショートカット登録例」を見ながら、毎日、ショートカットの練習をする。 もしくは、 Gmailの画面で「z」を押してショートカットのヘルプを表示して、 毎日、ショートカットの練習をする。 という内容のタスクを登録し、毎日練習する。

あとがき

「仕組み」づくりなんて、手間が増えてめんどくさいだけ……。

そんなことを思っていた頃もありましたが、今では仕組みがないと、何も行動できない自分になっていることに気づきました。

とにかく、頭で考えずにできる作業を減らし、自由に使える時間をつくり、その時間で未来の仕事を創りだす。

そのことだけを考えて、「仕組み」づくりを行ってきました。

「仕組み化」がゴールではありません。

「仕組み」をつくることができたからといって、すごいわけではありません。

でも「仕組み」をつくることによって、時間が生まれます。

自由な時間がたっぷり使えて、楽しい仕事、価値ある仕事、そしてその結果豊かなライフスタイルをおくることができる――そんな自分の将来に向けて、「仕組み化」を意識していただきたいと思います。

仕事の「仕組み化」と同様に、お金の「仕組み化」も意識するようになりました。

お金が貯まらないという悩みも、仕事を「仕組み化」したのと同様に、頭で考えずに「仕組み」で回す、ということを徹底していった結果、解決したのです。

10年以上前から行なっている〝お金の「仕組み化」〟。

そしてぼくが身につけてきたお金の知識や経験を、だれもができるように「仕組み化」しています。そんな〝お金の仕組み化〟について学びたいという方のために、私が今までに経験し、学んできた考え方をお伝えする「お金の教養講座」(www.jfa.ac/kyskm)に無料でご招待させていただきたいと思いますので、第一歩を踏み出していただけたら嬉しく思います。

この本に書いてあるようなちょっとした積み重ねで、数年後の仕事の質とライフスタイルが劇的に変わっていく――そんな「仕組み」づくりに、皆さんもぜひ取り組んでいただければと思います。

この書籍が、少しでも皆さんの仕事がうまくいくきっかけとなれば、とても嬉しく思います。

泉正人

著者略歴

泉正人

ファイナンシャルアカデミー代表
一般社団法人金融学習協会理事長、神戸夙川学院大学客員教授

2002年、経済金融教育の必要性を感じ、ファイナンシャルアカデミーを設立、代表に就任。
受講生21万人を超える独立系ファイナンシャル教育機関として、経済、会計、財務、経済新聞の読み方、マネープラン等から株式投資、不動産投資等まで、幅広い「経済とお金の教養が身につくマネースクール」を運営する。

一年のうち3ヶ月程を海外で過ごしながら、教育事業、IT、不動産等、国内外で5社の経営を行う。一般社団法人金融学習協会の理事長として財団法人日本生涯学習協議会（所管：内閣府）監修・認定の検定「マネーマネジメント」を立ち上げ、お金の知性を高めるための普及活動も行っている。

経済金融教育の啓蒙のため執筆活動にも力を入れ、著書28冊、累計100万部を超える。韓国、台湾、中国では翻訳版も発売されている。

マジビジPROシリーズ

最新のビジネス思考法から、
誰も教えてくれない仕事のノウハウまで。
あの人気ビジネス入門書シリーズ「マジビジ」の新ラインナップが、
雑誌サイズの[図解版]になって登場!

定価 1,100～1,200円（税別）

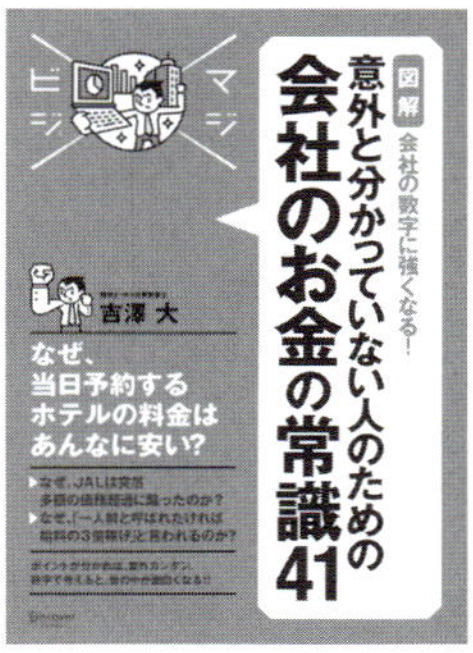

[図解]会社の数字に強くなる!
意外と分かっていない人のための

会社のお金の常識41

吉澤大[著]

なぜ、当日予約するホテルの料金はあんなに安い?　ポイントが分かれば、案外カンタン。数字で考えると、世の中が面白くなる!!

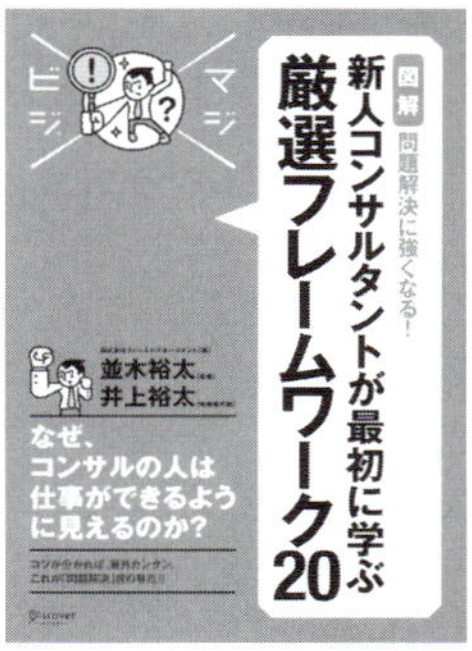

[図解]問題解決に強くなる!
新人コンサルタントが最初に学ぶ

厳選フレームワーク20

並木裕太[監修]井上裕太[著]

なぜ、コンサルの人は仕事ができるように見えるのか?　すべての秘密はこのフレームワークにあった! これが「問題解決」虎の巻だ!!

[図解]学校でも会社でも
教えてくれない

企画・プレゼン超入門!

京井良彦[著]

自分の考えをまとめ、きちんと相手に伝えるには、技術が必要です。相手に刺さる「書き方」「話し方」のコツが、60分でわかる!!

[図解]カール教授と学ぶ
成功企業31社の

ビジネスモデル超入門!

平野敦士カール[著]

なぜ、あの会社は儲かっているのか?　DeNA、楽天、アップル、LCC、QBハウス、アマゾン、Facebookなど、話題企業のビジネスモデルが図解でわかる!!

[超図解]最少の時間と労力で
最大の成果を出す

「仕組み」仕事術 最新版

泉正人[著]

5分で終わる仕事に、1時間も2時間もかけていませんか?　できるビジネスマンは「仕組み」づくりが得意。10万部突破ベストセラーの最新図解版!!

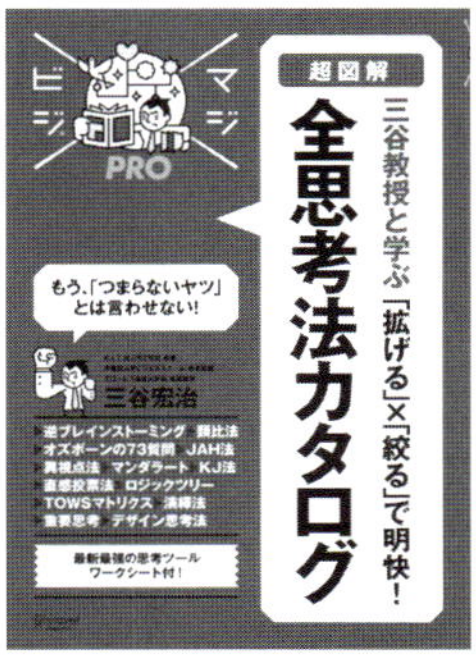

[超図解]三谷教授と学ぶ
「拡げる」×「絞る」で明快!

全思考法カタログ

三谷宏治[著]

逆ブレインストーミング、異視点法、マンダラート、KJ法など、多様な思考法を自由自在に使いこなせるようになる!!
思考ツールワークシート付。

全国の書店または
小社webサイト（http://www.d21.co.jp）、
オンライン書店でお求めください。

2008年3月に小社から刊行された『最少の時間と労力で最大の成果を出す「仕組み」仕事術』は、10万部を超えるベストセラーとなり、2012年には、コンビニエンスストア限定で、図解版が刊行されました。本書は、その図解版をもとに、さらに巻末付録を加筆したものです。

初めてお読みになる方が仕事の基礎を身につけるのに役立つだけではなく、旧版をお読みになった方が再読し、復習するのにも最適な構成となっております。皆さまのビジネスの一助となれば幸いです。（編集部）

MAJIBIJI pro

［超図解］ 最少の時間と労力で最大の成果を出す「仕組み」仕事術 最新版

発行日 2013年3月30日 第1刷

Author	泉正人
Book Designer	寄藤文平 柴田拓也 杉山健太郎（文平銀座） TYPEFACE（森田祥子・小林麻実・小林祐司・新沼寛子・二ノ宮匡・小城景太・上原恵子）
Publication	株式会社ディスカヴァー・トゥエンティワン 〒102-0093 東京都千代田区平河町2-16-1 平河町森タワー11F TEL 03-3237-8321（代表） FAX 03-3237-8323 http://www.d21.co.jp
Publisher	干場弓子
Editor	千葉正幸
Marketing Group Staff	小田孝文 中澤泰宏 片平美恵子 井筒浩 千葉潤子 飯田智樹 佐藤昌幸 谷口奈緒美 山中麻吏 西川なつか 古矢薫 伊藤利文 米山健一 原大士 郭迪 蛯原昇 中山大祐 林拓馬 本田千春 野村知哉 安永智洋 鍋田匠伴
Assistant Staff	俵敬子 町田加奈子 丸山香織 小林里美 井澤徳子 橋詰悠子 藤井多穂子 藤井かおり 福岡理恵 葛目美枝子 田口麻弓 佐竹祐哉 松石悠 小泉和日 皆川愛
Operation Group Staff	吉澤道子 松尾幸政 福永友紀
Assistant Staff	竹内恵子 古後利佳 熊谷芳美 清水有基栄 小松里絵 川井栄子 伊藤由美 福田啓太
Productive Group Staff	藤田浩芳 原典宏 林秀樹 石塚理恵子 三谷祐一 石橋和佳 大山聡子 徳瑠里香 堀部直人 井上慎平 渡邉淳 田中亜紀 大竹朝子 堂山優子 山﨑あゆみ 伍佳妮 リーナ・バールカート
Digital Communication Group Staff	小関勝則 中村郁子 松原史与志
Proofreader	文字工房燦光
Printing	大日本印刷株式会社

ISBN978-4-7993-1306-0